BRITISH ENGLISH

ENGLISH
ROMANIAN

THEME-BASED DICTIONARY

Contains over 7000 commonly used words

T&P BOOKS PUBLISHING

Theme-based dictionary British English-Romanian - 7000 words
By Andrey Taranov

T&P Books vocabularies are intended for helping you learn, memorize and review foreign words. The dictionary is divided into themes, covering all major spheres of everyday activities, business, science, culture, etc.

The process of learning words using T&P Books' theme-based dictionaries gives you the following advantages:

- Correctly grouped source information predetermines success at subsequent stages of word memorization
- Availability of words derived from the same root allowing memorization of word units (rather than separate words)
- Small units of words facilitate the process of establishing associative links needed for consolidation of vocabulary
- Level of language knowledge can be estimated by the number of learned words

Copyright © 2018 T&P Books Publishing

All rights reserved No part of this book may be reproduced or utilized in any form or by any means, electronic or mechanical, including photocopying, recording or by information storage and retrieval system, without permission in writing from the publishers.

T&P Books Publishing
www.tpbooks.com

ISBN: 978-1-78400-144-5

This book is also available in E-book formats.
Please visit www.tpbooks.com or the major online bookstores.

ROMANIAN THEME-BASED DICTIONARY
British English collection

T&P Books vocabularies are intended to help you learn, memorize, and review foreign words. The vocabulary contains over 7000 commonly used words arranged thematically.

- Vocabulary contains the most commonly used words
- Recommended as an addition to any language course
- Meets the needs of beginners and advanced learners of foreign languages
- Convenient for daily use, revision sessions, and self-testing activities
- Allows you to assess your vocabulary

Special features of the vocabulary

- Words are organized according to their meaning, not alphabetically
- Words are presented in three columns to facilitate the reviewing and self-testing processes
- Words in groups are divided into small blocks to facilitate the learning process
- The vocabulary offers a convenient and simple transcription of each foreign word

The vocabulary has 198 topics including:

Basic Concepts, Numbers, Colors, Months, Seasons, Units of Measurement, Clothing & Accessories, Food & Nutrition, Restaurant, Family Members, Relatives, Character, Feelings, Emotions, Diseases, City, Town, Sightseeing, Shopping, Money, House, Home, Office, Working in the Office, Import & Export, Marketing, Job Search, Sports, Education, Computer, Internet, Tools, Nature, Countries, Nationalities and more ...

TABLE OF CONTENTS

Pronunciation guide 10
Abbreviations 11

BASIC CONCEPTS 12
Basic concepts. Part 1 12

1. Pronouns 12
2. Greetings. Salutations. Farewells 12
3. Cardinal numbers. Part 1 13
4. Cardinal numbers. Part 2 14
5. Numbers. Fractions 14
6. Numbers. Basic operations 15
7. Numbers. Miscellaneous 15
8. The most important verbs. Part 1 15
9. The most important verbs. Part 2 16
10. The most important verbs. Part 3 17
11. The most important verbs. Part 4 18
12. Colours 19
13. Questions 20
14. Function words. Adverbs. Part 1 20
15. Function words. Adverbs. Part 2 22

Basic concepts. Part 2 24

16. Weekdays 24
17. Hours. Day and night 24
18. Months. Seasons 25
19. Time. Miscellaneous 27
20. Opposites 28
21. Lines and shapes 30
22. Units of measurement 30
23. Containers 31
24. Materials 32
25. Metals 33

HUMAN BEING 34
Human being. The body 34

26. Humans. Basic concepts 34
27. Human anatomy 34

28.	Head	35
29.	Human body	36

Clothing & Accessories 37

30.	Outerwear. Coats	37
31.	Men's & women's clothing	37
32.	Clothing. Underwear	38
33.	Headwear	38
34.	Footwear	38
35.	Textile. Fabrics	39
36.	Personal accessories	39
37.	Clothing. Miscellaneous	40
38.	Personal care. Cosmetics	40
39.	Jewellery	41
40.	Watches. Clocks	42

Food. Nutricion 43

41.	Food	43
42.	Drinks	44
43.	Vegetables	45
44.	Fruits. Nuts	46
45.	Bread. Sweets	47
46.	Cooked dishes	47
47.	Spices	48
48.	Meals	49
49.	Table setting	49
50.	Restaurant	50

Family, relatives and friends 51

51.	Personal information. Forms	51
52.	Family members. Relatives	51
53.	Friends. Colleagues	52
54.	Man. Woman	53
55.	Age	53
56.	Children	54
57.	Married couples. Family life	55

Character. Feelings. Emotions 56

58.	Feelings. Emotions	56
59.	Character. Personality	57
60.	Sleep. Dreams	58
61.	Humour. Laughter. Gladness	59
62.	Discussion, conversation. Part 1	59
63.	Discussion, conversation. Part 2	60
64.	Discussion, conversation. Part 3	62
65.	Agreement. Refusal	62
66.	Success. Good luck. Failure	63
67.	Quarrels. Negative emotions	64

Medicine		66
68.	Diseases	66
69.	Symptoms. Treatments. Part 1	67
70.	Symptoms. Treatments. Part 2	68
71.	Symptoms. Treatments. Part 3	69
72.	Doctors	70
73.	Medicine. Drugs. Accessories	70
74.	Smoking. Tobacco products	71

HUMAN HABITAT		72
City		72
75.	City. Life in the city	72
76.	Urban institutions	73
77.	Urban transport	74
78.	Sightseeing	75
79.	Shopping	76
80.	Money	77
81.	Post. Postal service	78

Dwelling. House. Home		79
82.	House. Dwelling	79
83.	House. Entrance. Lift	80
84.	House. Doors. Locks	80
85.	Country house	81
86.	Castle. Palace	81
87.	Flat	82
88.	Flat. Cleaning	82
89.	Furniture. Interior	82
90.	Bedding	83
91.	Kitchen	83
92.	Bathroom	84
93.	Household appliances	85
94.	Repairs. Renovation	86
95.	Plumbing	86
96.	Fire. Conflagration	87

HUMAN ACTIVITIES		89
Job. Business. Part 1		89
97.	Banking	89
98.	Telephone. Phone conversation	90
99.	Mobile telephone	90
100.	Stationery	91

Job. Business. Part 2		92
101.	Mass Media	92
102.	Agriculture	93

103. Building. Building process 94

Professions and occupations 96

104. Job search. Dismissal 96
105. Business people 96
106. Service professions 97
107. Military professions and ranks 98
108. Officials. Priests 99
109. Agricultural professions 99
110. Art professions 100
111. Various professions 100
112. Occupations. Social status 102

Sports 103

113. Kinds of sports. Sportspersons 103
114. Kinds of sports. Miscellaneous 104
115. Gym 104
116. Sports. Miscellaneous 105

Education 107

117. School 107
118. College. University 108
119. Sciences. Disciplines 109
120. Writing system. Orthography 109
121. Foreign languages 110
122. Fairy tale characters 111
123. Zodiac Signs 112

Arts 113

124. Theatre 113
125. Cinema 114
126. Painting 115
127. Literature & Poetry 116
128. Circus 116
129. Music. Pop music 117

Rest. Entertainment. Travel 119

130. Trip. Travel 119
131. Hotel 119
132. Books. Reading 120
133. Hunting. Fishing 122
134. Games. Billiards 123
135. Games. Playing cards 123
136. Rest. Games. Miscellaneous 123
137. Photography 124
138. Beach. Swimming 125

TECHNICAL EQUIPMENT. TRANSPORT 126
Technical equipment 126

139. Computer 126
140. Internet. E-mail 127

Transport 128

141. Aeroplane 128
142. Train 129
143. Ship 130
144. Airport 131
145. Bicycle. Motorcycle 132

Cars 133

146. Types of cars 133
147. Cars. Bodywork 133
148. Cars. Passenger compartment 134
149. Cars. Engine 135
150. Cars. Crash. Repair 136
151. Cars. Road 137

PEOPLE. LIFE EVENTS 139
Life events 139

152. Holidays. Event 139
153. Funerals. Burial 140
154. War. Soldiers 140
155. War. Military actions. Part 1 141
156. Weapons 143
157. Ancient people 144
158. Middle Ages 145
159. Leader. Chief. Authorities 146
160. Breaking the law. Criminals. Part 1 147
161. Breaking the law. Criminals. Part 2 148
162. Police. Law. Part 1 149
163. Police. Law. Part 2 151

NATURE 153
The Earth. Part 1 153

164. Outer space 153
165. The Earth 154
166. Cardinal directions 155
167. Sea. Ocean 155
168. Mountains 156
169. Rivers 157
170. Forest 158
171. Natural resources 159

The Earth. Part 2   160

172. Weather   160
173. Severe weather. Natural disasters   161

Fauna   162

174. Mammals. Predators   162
175. Wild animals   162
176. Domestic animals   163
177. Dogs. Dog breeds   164
178. Sounds made by animals   165
179. Birds   165
180. Birds. Singing and sounds   167
181. Fish. Marine animals   167
182. Amphibians. Reptiles   168
183. Insects   168
184. Animals. Body parts   169
185. Animals. Habitats   169

Flora   171

186. Trees   171
187. Shrubs   171
188. Mushrooms   172
189. Fruits. Berries   172
190. Flowers. Plants   173
191. Cereals, grains   174

REGIONAL GEOGRAPHY   175
Countries. Nationalities   175

192. Politics. Government. Part 1   175
193. Politics. Government. Part 2   176
194. Countries. Miscellaneous   177
195. Major religious groups. Confessions   178
196. Religions. Priests   179
197. Faith. Christianity. Islam   179

MISCELLANEOUS   182

198. Various useful words   182

PRONUNCIATION GUIDE

T&P phonetic alphabet	Romanian example	English example
[a]	arbust [ar'bust]	shorter than in ask
[e]	a merge [a 'merdʒe]	elm, medal
[ə]	brățară [brə'tsarə]	Schwa, rediced 'e'
[i]	impozit [im'pozit]	shorter than in feet
[ɨ]	cuvânt [ku'vɨnt]	big, America
[o]	avocat [avo'kat]	pod, John
[u]	fluture ['fluture]	book
[b]	bancă ['bankə]	baby, book
[d]	durabil [du'rabil]	day, doctor
[dʒ]	gemeni ['dʒemenʲ]	joke, general
[f]	frizer [fri'zer]	face, food
[g]	gladiolă [gladi'olə]	game, gold
[ʒ]	jucător [ʒukə'tor]	forge, pleasure
[h]	pahar [pa'har]	home, have
[k]	actor [ak'tor]	clock, kiss
[l]	clopot ['klopot]	lace, people
[m]	mobilă ['mobilə]	magic, milk
[n]	nuntă ['nuntə]	name, normal
[p]	profet [pro'fet]	pencil, private
[r]	roată [ro'atə]	rice, radio
[s]	salată [sa'latə]	city, boss
[ʃ]	cleștișor [kleʃti'ʃor]	machine, shark
[t]	statuie [sta'tue]	tourist, trip
[ts]	forță ['fortsə]	cats, tsetse fly
[tʃ]	optzeci [opt'zetʃi]	church, French
[v]	valiză [va'lizə]	very, river
[z]	zmeură ['zmeurə]	zebra, please
[j]	foios [fo'jos]	yes, New York
[ʲ]	zori [zorʲ]	palatalization sign

ABBREVIATIONS
used in the dictionary

English abbreviations

ab.	-	about
adj	-	adjective
adv	-	adverb
anim.	-	animate
as adj	-	attributive noun used as adjective
e.g.	-	for example
etc.	-	et cetera
fam.	-	familiar
fem.	-	feminine
form.	-	formal
inanim.	-	inanimate
masc.	-	masculine
math	-	mathematics
mil.	-	military
n	-	noun
pl	-	plural
pron.	-	pronoun
sb	-	somebody
sing.	-	singular
sth	-	something
v aux	-	auxiliary verb
vi	-	intransitive verb
vi, vt	-	intransitive, transitive verb
vt	-	transitive verb

Romanian abbreviations

f	-	feminine noun
f pl	-	feminine plural
m	-	masculine noun
m pl	-	masculine plural
n	-	neuter
n pl	-	neuter plural
pl	-	plural

BASIC CONCEPTS

Basic concepts. Part 1

1. Pronouns

I, me	eu	[eu]
you	tu	[tu]
he	el	[el]
she	ea	[ʲa]
we	noi	[noj]
you (to a group)	voi	['voj]
they (masc.)	ei	['ej]
they (fem.)	ele	['ele]

2. Greetings. Salutations. Farewells

Hello! (fam.)	Bună ziua!	['bunə 'ziwa]
Hello! (form.)	Bună ziua!	['bunə 'ziwa]
Good morning!	Bună dimineața!	['bunə dimi'nʲatsa]
Good afternoon!	Bună ziua!	['bunə 'ziwa]
Good evening!	Bună seara!	['bunə 'sʲara]
to say hello	a se saluta	[a se salu'ta]
Hi! (hello)	Salut!	[sa'lut]
greeting (n)	salut (n)	[sa'lut]
to greet (vt)	a saluta	[a salu'ta]
How are you?	Ce mai faci?	[ʧie maj 'fatʃi]
What's new?	Ce mai e nou?	[ʧe maj e 'nou]
Bye-Bye! Goodbye!	La revedere!	[la reve'dere]
See you soon!	Pe curând!	[pe ku'rɨnd]
Farewell! (to a friend)	Rămâi cu bine!	[rə'mɨj ku 'bine]
Farewell! (form.)	Rămâneți cu bine!	[rəmɨ'nets ku 'bine]
to say goodbye	a-și lua rămas bun	[aʃ lu'a rə'mas bun]
Cheers!	Pa!	[pa]
Thank you! Cheers!	Mulțumesc!	[multsu'mesk]
Thank you very much!	Mulțumesc mult!	[multsu'mesk mult]
My pleasure!	Cu plăcere	[ku plə'ʧere]
Don't mention it!	Pentru puțin	['pentru pu'tsin]
It was nothing	Pentru puțin	['pentru pu'tsin]
Excuse me! (fam.)	Scuză-mă!	['skuzəmə]
Excuse me! (form.)	Scuzați-mă!	[sku'zatsimə]

to excuse (forgive)	a scuza	[a sku'za]
to apologize (vi)	a cere scuze	[a 't͡ʃere 'skuze]
My apologies	Cer scuze	[t͡ʃer 'skuze]
I'm sorry!	Lertați-mă!	[er'tatsimə]
to forgive (vt)	a ierta	[a er'ta]
please (adv)	vă rog	[və rog]
Don't forget!	Nu uitați!	[nu uj'tatsʲ]
Certainly!	Desigur!	[de'sigur]
Of course not!	Desigur ca nu!	[de'sigur kə nu]
Okay! (I agree)	Sunt de acord!	[sunt de a'kord]
That's enough!	Ajunge!	[a'ʒundʒe]

3. Cardinal numbers. Part 1

0 zero	zero	['zero]
1 one	unu	['unu]
2 two	doi	[doj]
3 three	trei	[trej]
4 four	patru	['patru]
5 five	cinci	[t͡ʃint͡ʃ]
6 six	şase	['ʃase]
7 seven	şapte	['ʃapte]
8 eight	opt	[opt]
9 nine	nouă	['nowə]
10 ten	zece	['zet͡ʃe]
11 eleven	unsprezece	['unsprezet͡ʃe]
12 twelve	doisprezece	['dojsprezet͡ʃe]
13 thirteen	treisprezece	['trejsprezet͡ʃe]
14 fourteen	paisprezece	['pajsprezet͡ʃe]
15 fifteen	cincisprezece	['t͡ʃint͡ʃsprezet͡ʃe]
16 sixteen	şaisprezece	['ʃajsprezet͡ʃe]
17 seventeen	şaptesprezece	['ʃaptesprezet͡ʃe]
18 eighteen	optsprezece	['optsprezet͡ʃe]
19 nineteen	nouăsprezece	['nowəsprezet͡ʃe]
20 twenty	douăzeci	[dowə'zet͡ʃi]
21 twenty-one	douăzeci şi unu	[dowə'zet͡ʃi ʃi 'unu]
22 twenty-two	douăzeci şi doi	[dowə'zet͡ʃi ʃi doj]
23 twenty-three	douăzeci şi trei	[dowə'zet͡ʃi ʃi trej]
30 thirty	treizeci	[trej'zet͡ʃi]
31 thirty-one	treizeci şi unu	[trej'zet͡ʃi ʃi 'unu]
32 thirty-two	treizeci şi doi	[trej'zet͡ʃi ʃi doj]
33 thirty-three	treizeci şi trei	[trej'zet͡ʃi ʃi trej]
40 forty	patruzeci	[patru'zet͡ʃi]
41 forty-one	patruzeci şi unu	[patru'zet͡ʃi ʃi 'unu]
42 forty-two	patruzeci şi doi	[patru'zet͡ʃi ʃi doj]
43 forty-three	patruzeci şi trei	[patru'zet͡ʃi ʃi trej]
50 fifty	cincizeci	[t͡ʃint͡ʃ'zet͡ʃ]

51 fifty-one	cincizeci şi unu	[tʃintʃ'zetʃ ʃi 'unu]
52 fifty-two	cincizeci şi doi	[tʃintʃ'zetʃ ʃi doj]
53 fifty-three	cincizeci şi trei	[tʃintʃ'zetʃ ʃi trej]
60 sixty	şaizeci	[ʃaj'zetʃi]
61 sixty-one	şaizeci şi unu	[ʃaj'zetʃi ʃi 'unu]
62 sixty-two	şaizeci şi doi	[ʃaj'zetʃi ʃi doj]
63 sixty-three	şaizeci şi trei	[ʃaj'zetʃi ʃi trej]
70 seventy	şaptezeci	[ʃapte'zetʃi]
71 seventy-one	şaptezeci şi unu	[ʃapte'zetʃi ʃi 'unu]
72 seventy-two	şaptezeci şi doi	[ʃapte'zetʃi ʃi doj]
73 seventy-three	şaptezeci şi trei	[ʃapte'zetʃi ʃi trej]
80 eighty	optzeci	[opt'zetʃi]
81 eighty-one	optzeci şi unu	[opt'zetʃi ʃi 'unu]
82 eighty-two	optzeci şi doi	[opt'zetʃi ʃi doj]
83 eighty-three	optzeci şi trei	[opt'zetʃi ʃi trej]
90 ninety	nouăzeci	[nowə'zetʃi]
91 ninety-one	nouăzeci şi unu	[nowə'zetʃi ʃi 'unu]
92 ninety-two	nouăzeci şi doi	[nowə'zetʃi ʃi doj]
93 ninety-three	nouăzeci şi trei	[nowə'zetʃi ʃi trej]

4. Cardinal numbers. Part 2

100 one hundred	o sută	[o 'sutə]
200 two hundred	două sute	['dowə 'sute]
300 three hundred	trei sute	[trej 'sute]
400 four hundred	patru sute	['patru 'sute]
500 five hundred	cinci sute	[tʃintʃ 'sute]
600 six hundred	şase sute	['ʃase 'sute]
700 seven hundred	şapte sute	['ʃapte 'sute]
800 eight hundred	opt sute	[opt 'sute]
900 nine hundred	nouă sute	['nowə 'sute]
1000 one thousand	o mie	[o 'mie]
2000 two thousand	două mii	['dowə mij]
3000 three thousand	trei mii	[trej mij]
10000 ten thousand	zece mii	['zetʃe mij]
one hundred thousand	o sută de mii	[o 'sutə de mij]
million	milion (n)	[mi'ljon]
billion	miliard (n)	[mi'ljard]

5. Numbers. Fractions

fraction	fracţie (f)	['fraktsie]
one half	o doime	[o 'doime]
one third	o treime	[o 'treime]
one quarter	o pătrime	[o pə'trime]
one eighth	o optime	[o op'time]

one tenth	o zecime	[o ze'ʧime]
two thirds	două treimi	['dowə 'treimʲ]
three quarters	trei pătrimi	[trej pə'trimʲ]

6. Numbers. Basic operations

subtraction	scădere (f)	[skə'dere]
to subtract (vi, vt)	a scădea	[a skə'dʲa]
division	împărțire (f)	[impər'ʦire]
to divide (vt)	a împărți	[a impər'ʦi]
addition	adunare (f)	[adu'nare]
to add up (vt)	a aduna	[a adu'na]
to add (vi)	a adăuga	[a adəu'ga]
multiplication	înmulțire (f)	[inmul'ʦire]
to multiply (vt)	a înmulți	[a inmul'ʦi]

7. Numbers. Miscellaneous

digit, figure	cifră (f)	['ʧifrə]
number	număr (n)	['numər]
numeral	numeral (n)	[nume'ral]
minus sign	minus (n)	['minus]
plus sign	plus (n)	[plus]
formula	formulă (f)	[for'mulə]
calculation	calcul (n)	['kalkul]
to count (vi, vt)	a calcula	[a kalku'la]
to count up	a socoti	[a soko'ti]
to compare (vt)	a compara	[a kompa'ra]
How much?	Cât?	[kɨt]
How many?	Câți? Câte?	[kɨʦ], ['kɨte]
sum, total	sumă (f)	['sumə]
result	rezultat (n)	[rezul'tat]
remainder	rest (n)	[rest]
a few (e.g., ~ years ago)	câțiva, câteva	[kɨʦ'va], [kɨte'va]
little (I had ~ time)	puțin	[pu'ʦin]
the rest	rest (n)	[rest]
one and a half	unu și jumătate	['unu ʃi ʒumə'tate]
dozen	duzină (f)	[du'zinə]
in half (adv)	în două	[in 'dowə]
equally (evenly)	în părți egale	[in pərʦʲ e'gale]
half	jumătate (f)	[ʒumə'tate]
time (three ~s)	dată (f)	['datə]

8. The most important verbs. Part 1

to advise (vt)	a sfătui	[a sfətu'i]
to agree (say yes)	a fi de acord	[a fi de a'kord]

to answer (vi, vt)	a răspunde	[a rəs'punde]
to apologize (vi)	a cere scuze	[a 'tʃere 'skuze]
to arrive (vi)	a sosi	[a so'si]
to ask (~ oneself)	a întreba	[a intre'ba]
to ask (~ sb to do sth)	a cere	[a 'tʃere]
to be (vi)	a fi	[a fi]

to be afraid	a se teme	[a se 'teme]
to be hungry	a fi foame	[a fi fo'ame]
to be interested in ...	a se interesa	[a se intere'sa]
to be needed	a fi necesar	[a fi netʃe'sar]
to be surprised	a se mira	[a se mi'ra]

to be thirsty	a fi sete	[a fi 'sete]
to begin (vt)	a începe	[a in'tʃepe]
to belong to ...	a aparține	[a apar'tsine]
to boast (vi)	a se lăuda	[a se ləu'da]
to break (split into pieces)	a rupe	[a 'rupe]
to call (~ for help)	a chema	[a ke'ma]

can (v aux)	a putea	[a pu'tʲa]
to catch (vt)	a prinde	[a 'prinde]
to change (vt)	a schimba	[a skim'ba]
to choose (select)	a alege	[a a'ledʒe]
to come down (the stairs)	a coborî	[a kobo'rʲ]

to compare (vt)	a compara	[a kompa'ra]
to complain (vi, vt)	a se plânge	[a se 'plindʒe]
to confuse (mix up)	a încurca	[a inkur'ka]
to continue (vt)	a continua	[a kontinu'a]
to control (vt)	a controla	[a kontro'la]
to cook (dinner)	a găti	[a gə'ti]

to cost (vt)	a costa	[a kos'ta]
to count (add up)	a calcula	[a kalku'la]
to count on ...	a conta pe ...	[a kon'ta pe]
to create (vt)	a crea	[a 'krʲa]
to cry (weep)	a plânge	[a 'plindʒe]

9. The most important verbs. Part 2

to deceive (vi, vt)	a minți	[a min'tsi]
to decorate (tree, street)	a împodobi	[a impodo'bi]
to defend (a country, etc.)	a apăra	[a apə'ra]
to demand (request firmly)	a cere	[a 'tʃere]
to dig (vt)	a săpa	[a sə'pa]

to discuss (vt)	a discuta	[a disku'ta]
to do (vt)	a face	[a 'fatʃe]
to doubt (have doubts)	a se îndoi	[a se indo'i]
to drop (let fall)	a scăpa	[a skə'pa]
to enter (room, house, etc.)	a intra	[a in'tra]
to exist (vi)	a exista	[a ekzis'ta]

English	Romanian	Pronunciation
to expect (foresee)	a prevedea	[a preve'dʲa]
to explain (vt)	a explica	[a ekspli'ka]
to fall (vi)	a cădea	[a kə'dʲa]
to fancy (vt)	a plăcea	[a plə'tʃa]
to find (vt)	a găsi	[a gə'si]
to finish (vt)	a termina	[a termi'na]
to fly (vi)	a zbura	[a zbu'ra]
to follow ... (come after)	a urma	[a ur'ma]
to forget (vi, vt)	a uita	[a uj'ta]
to forgive (vt)	a ierta	[a er'ta]
to give (vt)	a da	[a da]
to give a hint	a face aluzie	[a 'fatʃe a'luzie]
to go (on foot)	a merge	[a 'merdʒe]
to go for a swim	a se scălda	[a se skəl'da]
to go out (for dinner, etc.)	a ieşi	[a e'ʃi]
to guess (the answer)	a ghici	[a gi'tʃi]
to have (vt)	a avea	[a a'vʲa]
to have breakfast	a lua micul dejun	[a lu'a 'mikul de'ʒun]
to have dinner	a cina	[a tʃi'na]
to have lunch	a lua prânzul	[a lu'a 'prinzul]
to hear (vt)	a auzi	[a au'zi]
to help (vt)	a ajuta	[a aʒu'ta]
to hide (vt)	a ascunde	[a as'kunde]
to hope (vi, vt)	a spera	[a spe'ra]
to hunt (vi, vt)	a vâna	[a vɨ'na]
to hurry (vi)	a se grăbi	[a se grə'bi]

10. The most important verbs. Part 3

English	Romanian	Pronunciation
to inform (vt)	a informa	[a infor'ma]
to insist (vi, vt)	a insista	[a insis'ta]
to insult (vt)	a jigni	[a ʒig'ni]
to invite (vt)	a invita	[a invi'ta]
to joke (vi)	a glumi	[a glu'mi]
to keep (vt)	a păstra	[a pəs'tra]
to keep silent, to hush	a tăcea	[a tə'tʃa]
to kill (vt)	a omorî	[a omo'rɨ]
to know (sb)	a cunoaşte	[a kuno'aʃte]
to know (sth)	a şti	[a ʃti]
to laugh (vi)	a râde	[a 'rɨde]
to liberate (city, etc.)	a elibera	[a elibe'ra]
to look for ... (search)	a căuta	[a kəu'ta]
to love (sb)	a iubi	[a ju'bi]
to make a mistake	a greşi	[a gre'ʃi]
to manage, to run	a conduce	[a kon'dutʃe]
to mean (signify)	a însemna	[a ɨnsem'na]
to mention (talk about)	a menţiona	[a mentsio'na]

to miss (school, etc.)	a lipsi	[a lip'si]
to notice (see)	a observa	[a obser'va]
to object (vi, vt)	a contrazice	[a kontra'zitʃe]
to observe (see)	a observa	[a obser'va]
to open (vt)	a deschide	[a des'kide]
to order (meal, etc.)	a comanda	[a koman'da]
to order (mil.)	a ordona	[a ordo'na]
to own (possess)	a poseda	[a pose'da]
to participate (vi)	a participa	[a partitʃi'pa]
to pay (vi, vt)	a plăti	[a plə'ti]
to permit (vt)	a permite	[a per'mite]
to plan (vt)	a planifica	[a planifi'ka]
to play (children)	a juca	[a ʒu'ka]
to pray (vi, vt)	a se ruga	[a se ru'ga]
to prefer (vt)	a prefera	[a prefe'ra]
to promise (vt)	a promite	[a pro'mite]
to pronounce (vt)	a pronunța	[a pronun'tsa]
to propose (vt)	a propune	[a pro'pune]
to punish (vt)	a pedepsi	[a pedep'si]

11. The most important verbs. Part 4

to read (vi, vt)	a citi	[a tʃi'ti]
to recommend (vt)	a recomanda	[a rekoman'da]
to refuse (vi, vt)	a refuza	[a refu'za]
to regret (be sorry)	a regreta	[a regre'ta]
to rent (sth from sb)	a închiria	[a ɨnkiri'ja]
to repeat (say again)	a repeta	[a repe'ta]
to reserve, to book	a rezerva	[a rezer'va]
to run (vi)	a alerga	[a aler'ga]
to save (rescue)	a salva	[a sal'va]
to say (~ thank you)	a spune	[a 'spune]
to scold (vt)	a certa	[a tʃer'ta]
to see (vt)	a vedea	[a ve'dʲa]
to sell (vt)	a vinde	[a 'vinde]
to send (vt)	a trimite	[a tri'mite]
to shoot (vi)	a trage	[a 'tradʒə]
to shout (vi)	a striga	[a stri'ga]
to show (vt)	a arăta	[a arə'ta]
to sign (document)	a semna	[a sem'na]
to sit down (vi)	a se așeza	[a se aʃə'za]
to smile (vi)	a zâmbi	[a zɨm'bi]
to speak (vi, vt)	a vorbi	[a vor'bi]
to steal (money, etc.)	a fura	[a fu'ra]
to stop (for pause, etc.)	a se opri	[a se o'pri]
to stop (please ~ calling me)	a înceta	[a ɨntʃe'ta]
to study (vt)	a studia	[a studi'a]

to swim (vi)	a înota	[a ino'ta]
to take (vt)	a lua	[a lu'a]
to think (vi, vt)	a se gândi	[a se gin'di]
to threaten (vt)	a ameninţa	[a amenin'tsa]
to touch (with hands)	a atinge	[a a'tindʒe]
to translate (vt)	a traduce	[a tra'dutʃe]
to trust (vt)	a avea încredere	[a a'vʲa in'kredere]
to try (attempt)	a încerca	[a intʃer'ka]
to turn (e.g., ~ left)	a întoarce	[a into'artʃe]
to underestimate (vt)	a subaprecia	[a subapretʃi'a]
to understand (vt)	a înţelege	[a intse'ledʒe]
to unite (vt)	a uni	[a u'ni]
to wait (vt)	a aştepta	[a aʃtep'ta]
to want (wish, desire)	a vrea	[a vrʲa]
to warn (vt)	a avertiza	[a averti'za]
to work (vi)	a lucra	[a lu'kra]
to write (vt)	a scrie	[a 'skrie]
to write down	a nota	[a no'ta]

12. Colours

colour	culoare (f)	[kulo'are]
shade (tint)	nuanţă (f)	[nu'antsə]
hue	ton (n)	[ton]
rainbow	curcubeu (n)	[kurku'beu]
white (adj)	alb	[alb]
black (adj)	negru	['negru]
grey (adj)	sur	['sur]
green (adj)	verde	['verde]
yellow (adj)	galben	['galben]
red (adj)	roşu	['roʃu]
blue (adj)	albastru închis	[al'bastru i'nkis]
light blue (adj)	albastru deschis	[al'bastru des'kis]
pink (adj)	roz	['roz]
orange (adj)	portocaliu	[portoka'lju]
violet (adj)	violet	[vio'let]
brown (adj)	cafeniu	[kafe'nju]
golden (adj)	de culoarea aurului	[de kulo'arʲa 'auruluj]
silvery (adj)	argintiu	[ardʒin'tju]
beige (adj)	bej	[beʒ]
cream (adj)	crem	[krem]
turquoise (adj)	turcoaz	[turko'az]
cherry red (adj)	vişiniu	[viʃi'nju]
lilac (adj)	lila	[li'la]
crimson (adj)	de culoarea zmeurei	[de kulo'arʲa 'zmeurej]
light (adj)	de culoare deschisă	[de kulo'are des'kisə]

dark (adj)	de culoare închisă	[de kulo'are i'nkisə]
bright, vivid (adj)	aprins	[a'prins]
coloured (pencils)	colorat	[kolo'rat]
colour (e.g. ~ film)	color	[ko'lor]
black-and-white (adj)	alb-negru	[alb 'negru]
plain (one-coloured)	monocrom	[mono'krom]
multicoloured (adj)	multicolor	[multiko'lor]

13. Questions

Who?	Cine?	['tʃine]
What?	Ce?	[tʃe]
Where? (at, in)	Unde?	['unde]
Where (to)?	Unde?	['unde]
From where?	De unde?	[de 'unde]
When?	Când?	[kɨnd]
Why? (What for?)	Pentru ce?	['pentru tʃe]
Why? (~ are you crying?)	De ce?	[de tʃe]
What for?	Pentru ce?	['pentru tʃe]
How? (in what way)	Cum?	[kum]
What? (What kind of …?)	Care?	['kare]
Which?	Care?	['kare]
To whom?	Cui?	[kuj]
About whom?	Despre cine?	['despre 'tʃine]
About what?	Despre ce?	['despre tʃe]
With whom?	Cu cine?	[ku 'tʃine]
How many?	Cât? Câtă?	[kɨt], ['kɨtə]
How much?	Câți? Câte?	[kɨts], ['kɨte]
Whose?	Al cui?	['al kuj]
Whose? (fem.)	A cui?	[a kuj]
Whose? (pl)	Ai cui?, Ale cui?	[aj kuj], ['ale kuj]

14. Function words. Adverbs. Part 1

Where? (at, in)	Unde?	['unde]
here (adv)	aici	[a'itʃi]
there (adv)	acolo	[a'kolo]
somewhere (to be)	undeva	[unde'va]
nowhere (not in any place)	nicăieri	[nikə'erʲ]
by (near, beside)	lângă …	['lɨngə]
by the window	lângă fereastră	['lɨngə fe'rʲastrə]
Where (to)?	Unde?	['unde]
here (e.g. come ~!)	aici	[a'itʃi]
there (e.g. to go ~)	acolo	[a'kolo]
from here (adv)	de aici	[de a'itʃi]

from there (adv)	de acolo	[de a'kolo]
close (adv)	aproape	[apro'ape]
far (adv)	departe	[de'parte]

near (e.g. ~ Paris)	alături	[a'ləturʲ]
nearby (adv)	alături	[a'ləturʲ]
not far (adv)	aproape	[apro'ape]

left (adj)	stâng	[stiŋg]
on the left	din stânga	[din 'stiŋga]
to the left	în stânga	[in 'stiŋga]

right (adj)	drept	[drept]
on the right	din dreapta	[din 'drʲapta]
to the right	în dreapta	[in 'drʲapta]

in front (adv)	în față	[in 'fatsə]
front (as adj)	din față	[din 'fatsə]
ahead (the kids ran ~)	înainte	[ina'inte]

behind (adv)	în urmă	[in 'urmə]
from behind	din spate	[din 'spate]
back (towards the rear)	înapoi	[ina'poj]

| middle | mijloc (n) | ['miʒlok] |
| in the middle | la mijloc | [la 'miʒlok] |

at the side	dintr-o parte	['dintro 'parte]
everywhere (adv)	peste tot	['peste tot]
around (in all directions)	în jur	[in ʒur]

from inside	dinăuntru	[dinə'untru]
somewhere (to go)	undeva	[unde'va]
straight (directly)	direct	[di'rekt]
back (e.g. come ~)	înapoi	[ina'poj]

| from anywhere | de undeva | [de unde'va] |
| from somewhere | de undeva | [de unde'va] |

firstly (adv)	în primul rând	[in 'primul rind]
secondly (adv)	în al doilea rând	[in al 'dojlʲa rind]
thirdly (adv)	în al treilea rând	[in al 'trejlʲa rind]

suddenly (adv)	deodată	[deo'datə]
at first (in the beginning)	la început	[la intʃe'put]
for the first time	prima dată	['prima 'datə]
long before ... ·	cu mult timp înainte de ...	[ku mult timp ina'inte de]
anew (over again)	din nou	[din 'nou]
for good (adv)	pentru totdeauna	['pentru totdʲa'una]

never (adv)	niciodată	[nitʃio'datə]
again (adv)	iarăşi	['jarəʃ]
now (at present)	acum	[a'kum]
often (adv)	des	[des]
then (adv)	atunci	[a'tuntʃi]
urgently (quickly)	urgent	[ur'dʒent]

usually (adv)	de obicei	[de obi'tʃej]
by the way, ...	apropo	[apro'po]
possibly	posibil	[po'sibil]
probably (adv)	probabil	[pro'babil]
maybe (adv)	poate	[po'ate]
besides ...	în afară de aceasta, ...	[in a'farə de a'tʃasta]
that's why ...	de aceea	[de a'tʃeja]
in spite of ...	deşi ...	[de'ʃi]
thanks to ...	datorită ...	[dato'ritə]
what (pron.)	ce	[tʃe]
that (conj.)	că	[kə]
something	ceva	[tʃe'va]
anything (something)	ceva	[tʃe'va]
nothing	nimic	[ni'mik]
who (pron.)	cine	['tʃine]
someone	cineva	[tʃine'va]
somebody	cineva	[tʃine'va]
nobody	nimeni	['nimenʲ]
nowhere (a voyage to ~)	nicăieri	[nikə'erʲ]
nobody's	al nimănui	[al nimə'nuj]
somebody's	al cuiva	[al kuj'va]
so (I'm ~ glad)	aşa	[a'ʃa]
also (as well)	de asemenea	[de a'semenʲa]
too (as well)	la fel	[la fel]

15. Function words. Adverbs. Part 2

Why?	De ce?	[de tʃe]
for some reason	nu se ştie de ce	[nu se 'ʃtie de tʃe]
because ...	pentru că ...	['pentru kə]
for some purpose	cine ştie pentru ce	['tʃine 'ʃtie 'pentru tʃe]
and	şi	[ʃi]
or	sau	['sau]
but	dar	[dar]
for (e.g. ~ me)	pentru	['pentru]
too (excessively)	prea	[prʲa]
only (exclusively)	numai	['numaj]
exactly (adv)	exact	[e'gzakt]
about (more or less)	vreo	['vrəo]
approximately (adv)	aproximativ	[aproksima'tiv]
approximate (adj)	aproximativ	[aproksima'tiv]
almost (adv)	aproape	[apro'ape]
the rest	restul	['restul]
each (adj)	fiecare	[fie'kare]
any (no matter which)	oricare	[ori'kare]
many, much (a lot of)	mult	[mult]

| many people | mulți | [mults] |
| all (everyone) | toți | [tots] |

in return for ...	în schimb la ...	[in 'skimb la]
in exchange (adv)	în schimbul	[in 'skimbul]
by hand (made)	manual	[manu'al]
hardly (negative opinion)	puțin probabil	[pu'tsin pro'babil]

probably (adv)	probabil	[pro'babil]
on purpose (intentionally)	intenționat	[intentsio'nat]
by accident (adv)	întâmplător	[intimplə'tor]

very (adv)	foarte	[fo'arte]
for example (adv)	de exemplu	[de e'gzemplu]
between	între	['intre]
among	printre	['printre]
so much (such a lot)	atât	[a'tit]
especially (adv)	mai ales	[maj a'les]

Basic concepts. Part 2

16. Weekdays

Monday	luni (f)	[lunʲ]
Tuesday	marți (f)	['martsʲ]
Wednesday	miercuri (f)	['merkurʲ]
Thursday	joi (f)	[ʒoj]
Friday	vineri (f)	['vinerʲ]
Saturday	sâmbătă (f)	['simbətə]
Sunday	duminică (f)	[du'minikə]

today (adv)	astăzi	['astəzʲ]
tomorrow (adv)	mâine	['mijne]
the day after tomorrow	poimâine	[poj'mine]
yesterday (adv)	ieri	[jerʲ]
the day before yesterday	alaltăieri	[a'laltəerʲ]

day	zi (f)	[zi]
working day	zi (f) de lucru	[zi de 'lukru]
public holiday	zi (f) de sărbătoare	[zi de sərbəto'are]
day off	zi (f) liberă	[zi 'liberə]
weekend	zile (f pl) de odihnă	['zile de o'dihnə]

all day long	toată ziua	[to'atə 'ziwa]
the next day (adv)	a doua zi	['dowa zi]
two days ago	cu două zile în urmă	[ku 'dowə 'zile in 'urmə]
the day before	în ajun	[in a'ʒun]
daily (adj)	zilnic	['zilnik]
every day (adv)	în fiecare zi	[in fie'kare zi]

week	săptămână (f)	[səptə'minə]
last week (adv)	săptămâna trecută	[səptə'mina tre'kutə]
next week (adv)	săptămâna viitoare	[səptə'mina viito'are]
weekly (adj)	săptămânal	[səptəmi'nal]
every week (adv)	în fiecare săptămână	[in fie'kare səptə'minə]
twice a week	de două ori pe săptămână	[de 'dowə orʲ pe səptə'minə]
every Tuesday	în fiecare marți	[in fie'kare 'martsʲ]

17. Hours. Day and night

morning	dimineață (f)	[dimi'nʲatsə]
in the morning	dimineața	[dimi'nʲatsa]
noon, midday	amiază (f)	[a'mjazə]
in the afternoon	după masă	['dupə 'masə]

evening	seară (f)	['sʲarə]
in the evening	seara	['sʲara]

night	noapte (f)	[no'apte]
at night	noaptea	[no'aptʲa]
midnight	miezul (n) nopţii	['mezul 'noptsij]

second	secundă (f)	[se'kundə]
minute	minut (n)	[mi'nut]
hour	oră (f)	['orə]
half an hour	jumătate de oră	[ʒumə'tate de 'orə]
a quarter-hour	un sfert de oră	[un sfert de 'orə]
fifteen minutes	cincisprezece minute	['tʃintʃsprezetʃe mi'nute]
24 hours	o zi (f)	[o zi]

sunrise	răsărit (n)	[rəsə'rit]
dawn	zori (m pl)	[zorʲ]
early morning	zori (m pl) de zi	[zorʲ de zi]
sunset	apus (n)	[a'pus]

early in the morning	dimineaţa devreme	[dimi'nʲatsa de'vreme]
this morning	azi dimineaţă	[azʲ dimi'nʲatsə]
tomorrow morning	mâine dimineaţă	['mɨjne dimi'nʲatsə]

this afternoon	această după-amiază	[a'tʃastə 'dupa ami'azə]
in the afternoon	după masă	['dupə 'masə]
tomorrow afternoon	mâine după-masă	['mɨjne 'dupə 'masə]

| tonight (this evening) | astă-seară | ['astə 'sʲarə] |
| tomorrow night | mâine seară | ['mɨjne 'sʲarə] |

at 3 o'clock sharp	la ora trei fix	[la 'ora trej fiks]
about 4 o'clock	în jur de ora patru	[ɨn ʒur de 'ora 'patru]
by 12 o'clock	pe la ora douăsprezece	[pe la 'ora 'dowəsprezetʃe]

in 20 minutes	peste douăzeci de minute	['peste dowə'zetʃi de mi'nute]
in an hour	peste o oră	['peste o 'orə]
on time (adv)	la timp	[la timp]

a quarter to ...	fără un sfert	['fərə un sfert]
within an hour	în decurs de o oră	[ɨn de'kurs de o 'orə]
every 15 minutes	la fiecare cincisprezece minute	[la fie'kare 'tʃintʃsprezetʃe mi'nute]
round the clock	zi şi noapte	[zi ʃi no'apte]

18. Months. Seasons

January	ianuarie (m)	[janu'arie]
February	februarie (m)	[febru'arie]
March	martie (m)	['martie]
April	aprilie (m)	[a'prilie]
May	mai (m)	[maj]
June	iunie (m)	['junie]

July	iulie (m)	['julie]
August	august (m)	['august]
September	septembrie (m)	[sep'tembrie]

October	octombrie (m)	[ok'tombrie]
November	noiembrie (m)	[no'embrie]
December	decembrie (m)	[de'ʧembrie]

spring	primăvară (f)	[primə'varə]
in spring	primăvara	[primə'vara]
spring (as adj)	de primăvară	[de primə'varə]

summer	vară (f)	['varə]
in summer	vara	['vara]
summer (as adj)	de vară	[de 'varə]

autumn	toamnă (f)	[to'amnə]
in autumn	toamna	[to'amna]
autumn (as adj)	de toamnă	[de to'amnə]

winter	iarnă (f)	['jarnə]
in winter	iarna	['jarna]
winter (as adj)	de iarnă	[de 'jarnə]

month	lună (f)	['lunə]
this month	în luna curentă	[ɨn 'luna ku'rentə]
next month	în luna următoare	[ɨn 'luna urməto'are]
last month	în luna trecută	[ɨn 'luna tre'kutə]

a month ago	o lună în urmă	[o 'lunə ɨn 'urmə]
in a month (a month later)	peste o lună	['peste o 'lunə]
in 2 months (2 months later)	peste două luni	['peste 'dowə lunʲ]
the whole month	luna întreagă	['luna ɨn'trʲagə]
all month long	o lună întreagă	[o 'lunə ɨn'trʲagə]

monthly (~ magazine)	lunar	[lu'nar]
monthly (adv)	în fiecare lună	[ɨn fie'kare 'lunə]
every month	fiecare lună	[fie'kare 'lunə]
twice a month	de două ori pe lună	[de 'dowə orʲ pe 'lunə]

year	an (m)	[an]
this year	anul acesta	['anul a'ʧesta]
next year	anul viitor	['anul vii'tor]
last year	anul trecut	['anul tre'kut]

a year ago	acum un an	[a'kum un an]
in a year	peste un an	['peste un an]
in two years	peste doi ani	['peste doj anʲ]
the whole year	tot anul	[tot 'anul]
all year long	un an întreg	[un an ɨn'treg]

every year	în fiecare an	[ɨn fie'kare an]
annual (adj)	anual	[anu'al]
annually (adv)	în fiecare an	[ɨn fie'kare an]
4 times a year	de patru ori pe an	[de 'patru orʲ pe an]

date (e.g. today's ~)	dată (f)	['datə]
date (e.g. ~ of birth)	dată (f)	['datə]
calendar	calendar (n)	[kalen'dar]
half a year	jumătate (f) de an	[ʒumə'tate de an]

six months	jumătate (f) de an	[ʒumə'tate de an]
season (summer, etc.)	sezon (n)	[se'zon]
century	veac (n)	[vʲak]

19. Time. Miscellaneous

time	timp (m)	[timp]
moment	clipă (f)	['klipə]
instant (n)	moment (n)	[mo'mənt]
instant (adj)	momentan	[momen'tan]
lapse (of time)	perioadă (f)	[perio'adə]
life	viață (f)	['vjatsə]
eternity	veşnicie (f)	[veʃni'tʃie]

epoch	epocă (f)	[e'pokə]
era	eră (f)	['erə]
cycle	ciclu (n)	['tʃiklu]
period	perioadă (f)	[perio'adə]
term (short-~)	termen (n)	['termen]

the future	viitor (n)	[vii'tor]
future (as adj)	viitor	[vii'tor]
next time	data următoare	['data urməto'are]

the past	trecut (n)	[tre'kut]
past (recent)	trecut	[tre'kut]
last time	data trecută	['data tre'kutə]

later (adv)	mai târziu	[maj tɨr'zju]
after (prep.)	după	['dupə]
nowadays (adv)	acum	[a'kum]
now (at this moment)	acum	[a'kum]

immediately (adv)	imediat	[imedi'at]
soon (adv)	în curând	[ɨn ku'rɨnd]
in advance (beforehand)	în prealabil	[ɨn prʲa'labil]

a long time ago	demult	[de'mult]
recently (adv)	recent	[re'tʃent]
destiny	soartă (f)	[so'artə]
memories (childhood ~)	memorie (f)	[me'morie]
archives	arhivă (f)	[ar'hivə]

during ...	în timpul ...	[ɨn 'timpul]
long, a long time (adv)	îndelung	[inde'lung]
not long (adv)	puțin timp	[pu'tsin 'timp]

| early (in the morning) | devreme | [de'vreme] |
| late (not early) | târziu | [tɨr'zju] |

forever (for good)	pentru totdeauna	['pentru totdʲa'una]
to start (begin)	a începe	[a ɨn'tʃepe]
to postpone (vt)	a amâna	[a amɨ'na]
at the same time	concomitent	[konkomi'tent]

permanently (adv)	mereu	[me'reu]
constant (noise, pain)	permanent	[perma'nent]
temporary (adj)	temporar	[tempo'rar]

sometimes (adv)	uneori	[une'orʲ]
rarely (adv)	rar	[rar]
often (adv)	adesea	[a'desʲa]

20. Opposites

| rich (adj) | bogat | [bo'gat] |
| poor (adj) | sărac | [sə'rak] |

| ill, sick (adj) | bolnav | [bol'nav] |
| well (not sick) | sănătos | [sənə'tos] |

| big (adj) | mare | ['mare] |
| small (adj) | mic | [mik] |

| quickly (adv) | repede | ['repede] |
| slowly (adv) | încet | [in'ʧet] |

| fast (adj) | rapid | [ra'pid] |
| slow (adj) | lent | [lent] |

| glad (adj) | vesel | ['vesel] |
| sad (adj) | trist | [trist] |

| together (adv) | împreună | [impre'unə] |
| separately (adv) | separat | [sepa'rat] |

| aloud (to read) | cu voce tare | [ku 'voʧe 'tare] |
| silently (to oneself) | în gând | [in gind] |

| tall (adj) | înalt | [i'nalt] |
| low (adj) | scund | [skund] |

| deep (adj) | adânc | [a'dɨnk] |
| shallow (adj) | de adâncime mică | [de adɨn'ʧime 'mikə] |

| yes | da | [da] |
| no | nu | [nu] |

| distant (in space) | îndepărtat | [indepər'tat] |
| nearby (adj) | apropiat | [apropi'jat] |

| far (adv) | departe | [de'parte] |
| nearby (adv) | aproape | [apro'ape] |

| long (adj) | lung | [lung] |
| short (adj) | scurt | [skurt] |

| good (kindhearted) | bun | [bun] |
| evil (adj) | rău | ['rəu] |

English	Romanian	Pronunciation
married (adj)	căsătorit	[kəsəto'rit]
single (adj)	celibatar (m)	[tʃeliba'tar]
to forbid (vt)	a interzice	[a inter'zitʃe]
to permit (vt)	a permite	[a per'mite]
end	sfârşit (n)	[sfir'ʃit]
beginning	început (n)	[intʃe'put]
left (adj)	stâng	[stiŋ]
right (adj)	drept	[drept]
first (adj)	primul	['primul]
last (adj)	ultimul	['ultimul]
crime	crimă (f)	['krimə]
punishment	pedeapsă (f)	[pe'dʲapsə]
to order (vt)	a ordona	[a ordo'na]
to obey (vi, vt)	a se supune	[a se su'pune]
straight (adj)	drept	[drept]
curved (adj)	strâmb	[strimb]
paradise	rai (n)	[raj]
hell	iad (n)	[jad]
to be born	a se naşte	[a se 'naʃte]
to die (vi)	a muri	[a mu'ri]
strong (adj)	puternic	[pu'ternik]
weak (adj)	slab	[slab]
old (adj)	bătrân	[bə'trin]
young (adj)	tânăr	['tinər]
old (adj)	vechi	[vekʲ]
new (adj)	nou	['nou]
hard (adj)	tare	['tare]
soft (adj)	moale	[mo'ale]
warm (tepid)	cald	[kald]
cold (adj)	rece	['retʃe]
fat (adj)	gras	[gras]
thin (adj)	slab	[slab]
narrow (adj)	îngust	[in'gust]
wide (adj)	lat	[lat]
good (adj)	bun	[bun]
bad (adj)	rău	['rəu]
brave (adj)	curajos	[kura'ʒos]
cowardly (adj)	fricos	[fri'kos]

21. Lines and shapes

square	pătrat (n)	[pəˈtrat]
square (as adj)	pătrat	[pəˈtrat]
circle	cerc (n)	[tʃerk]
round (adj)	rotund	[roˈtund]
triangle	triunghi (n)	[triˈungʲ]
triangular (adj)	triunghiular	[trjungjuˈlar]
oval	oval (n)	[oˈval]
oval (as adj)	oval	[oˈval]
rectangle	dreptunghi (n)	[drepˈtungʲ]
rectangular (adj)	dreptunghiular	[dreptungjuˈlar]
pyramid	piramidă (f)	[piraˈmidə]
rhombus	romb (n)	[romb]
trapezium	trapez (n)	[traˈpez]
cube	cub (n)	[kub]
prism	prismă (f)	[ˈprizmə]
circumference	circumferință (f)	[tʃirkumfeˈrintsə]
sphere	sferă (f)	[ˈsferə]
ball (solid sphere)	sferă (f)	[ˈsferə]
diameter	diametru (n)	[diˈametru]
radius	rază (f)	[ˈrazə]
perimeter (circle's ~)	perimetru (n)	[periˈmetru]
centre	centru (n)	[ˈtʃentru]
horizontal (adj)	orizontal	[orizonˈtal]
vertical (adj)	vertical	[vertiˈkal]
parallel (n)	paralelă (f)	[paraˈlelə]
parallel (as adj)	paralel	[paraˈlel]
line	linie (f)	[ˈlinie]
stroke	linie (f)	[ˈlinie]
straight line	dreaptă (f)	[ˈdrʲaptə]
curve (curved line)	curbă (f)	[ˈkurbə]
thin (line, etc.)	subțire	[subˈtsire]
contour (outline)	contur (n)	[konˈtur]
intersection	intersecție (f)	[interˈsektsie]
right angle	unghi (n) drept	[ungʲ drept]
segment	segment (n)	[segˈment]
sector (circular ~)	sector (n)	[sekˈtor]
side (of triangle)	latură (f)	[ˈlaturə]
angle	unghi (n)	[ungʲ]

22. Units of measurement

weight	greutate (f)	[greuˈtate]
length	lungime (f)	[lunˈdʒime]
width	lățime (f)	[ləˈtsime]
height	înălțime (f)	[ɨnəlˈtsime]

depth	adâncime (f)	[adin'tʃime]
volume	volum (n)	[vo'lum]
area	suprafaţă (f)	[supra'fatsə]

gram	gram (n)	[gram]
milligram	miligram (n)	[mili'gram]
kilogram	kilogram (n)	[kilo'gram]
ton	tonă (f)	['tonə]
pound	funt (m)	[funt]
ounce	uncie (f)	['untʃie]

metre	metru (m)	['metru]
millimetre	milimetru (m)	[mili'metru]
centimetre	centimetru (m)	[tʃenti'metru]
kilometre	kilometru (m)	[kilo'metru]
mile	milă (f)	['milə]

inch	ţol (m)	[tsol]
foot	picior (m)	[pi'tʃior]
yard	yard (m)	[jard]

| square metre | metru (m) pătrat | ['metru pə'trat] |
| hectare | hectar (n) | [hek'tar] |

litre	litru (m)	['litru]
degree	grad (n)	[grad]
volt	volt (m)	[volt]
ampere	amper (m)	[am'per]
horsepower	cal-putere (m)	[kal pu'tere]

quantity	cantitate (f)	[kanti'tate]
a little bit of …	puţin …	[pu'tsin]
half	jumătate (f)	[ʒumə'tate]
dozen	duzină (f)	[du'zinə]
piece (item)	bucată (f)	[bu'katə]

| size | dimensiune (f) | [dimensi'une] |
| scale (map ~) | proporţie (f) | [pro'portsie] |

minimal (adj)	minim	['minim]
the smallest (adj)	cel mai mic	[tʃel maj mik]
medium (adj)	de, din mijloc	[de, din 'miʒlok]
maximal (adj)	maxim	['maksim]
the largest (adj)	cel mai mare	[tʃel maj 'mare]

23. Containers

canning jar (glass ~)	borcan (n)	[bor'kan]
tin, can	cutie (f)	[ku'tie]
bucket	găleată (f)	[gə'lʲatə]
barrel	butoi (n)	[bu'toj]

| wash basin (e.g., plastic ~) | lighean (n) | [li'gʲan] |
| tank (100L water ~) | rezervor (n) | [rezer'vor] |

hip flask	damigeană (f)	[dami'dʒanə]
jerrycan	canistră (f)	[ka'nistrə]
tank (e.g., tank car)	cisternă (f)	[ʧis'ternə]
mug	cană (f)	['kanə]
cup (of coffee, etc.)	ceaşcă (f)	['ʧaʃkə]
saucer	farfurioară (f)	[farfurio'arə]
glass (tumbler)	pahar (n)	[pa'har]
wine glass	cupă (f)	['kupə]
stock pot (soup pot)	cratiţă (f)	['kratitsə]
bottle (~ of wine)	sticlă (f)	['stiklə]
neck (of the bottle, etc.)	gâtul (n) sticlei	['gitul 'stiklej]
carafe (decanter)	garafă (f)	[ga'rafə]
pitcher	ulcior (n)	[ul'ʧior]
vessel (container)	vas (n)	[vas]
pot (crock, stoneware ~)	oală (f)	[o'alə]
vase	vază (f)	['vazə]
flacon, bottle (perfume ~)	flacon (n)	[fla'kon]
vial, small bottle	sticluţă (f)	[sti'klutsə]
tube (of toothpaste)	tub (n)	[tub]
sack (bag)	sac (m)	[sak]
bag (paper ~, plastic ~)	pachet (n)	[pa'ket]
packet (of cigarettes, etc.)	pachet (n)	[pa'ket]
box (e.g. shoebox)	cutie (f)	[ku'tie]
crate	ladă (f)	['ladə]
basket	coş (n)	[koʃ]

24. Materials

material	material (n)	[materi'al]
wood (n)	lemn (n)	[lemn]
wood-, wooden (adj)	de, din lemn	[de, din lemn]
glass (n)	sticlă (f)	['stiklə]
glass (as adj)	de, din sticlă	[de, din 'stiklə]
stone (n)	piatră (f)	['pjatrə]
stone (as adj)	de, din piatră	[de, din 'pjatrə]
plastic (n)	masă (f) plastică	['masə 'plastikə]
plastic (as adj)	de, din masă plastică	[de, din 'masə 'plastikə]
rubber (n)	cauciuc (n)	[kau'ʧuk]
rubber (as adj)	de, din cauciuc	[de, din kau'ʧiuk]
cloth, fabric (n)	ţesătură (f)	[tsesə'turə]
fabric (as adj)	de, din ţesătură	[de, din tsesə'turə]
paper (n)	hârtie (f)	[hir'tie]
paper (as adj)	de, din hârtie	[de, din hir'tie]

cardboard (n)	carton (n)	[kar'ton]
cardboard (as adj)	de, din carton	[de, din kar'ton]
polyethylene	polietilenă (f)	[polieti'lenə]
cellophane	celofan (n)	[tʃelo'fan]
plywood	furnir (n)	[fur'nir]
porcelain (n)	porțelan (n)	[portse'lan]
porcelain (as adj)	de, din porțelan	[de, din portse'lan]
clay (n)	argilă (f)	[ar'dʒilə]
clay (as adj)	de lut	[de 'lut]
ceramic (n)	ceramică (f)	[tʃe'ramikə]
ceramic (as adj)	de, din ceramică	[de, din tʃe'ramikə]

25. Metals

metal (n)	metal (n)	[me'tal]
metal (as adj)	de, din metal	[de, din me'tal]
alloy (n)	aliaj (n)	[a'ljaʒ]
gold (n)	aur (n)	['aur]
gold, golden (adj)	de, din aur	[de, din 'aur]
silver (n)	argint (n)	[ar'dʒint]
silver (as adj)	de, din argint	[de, din ar'dʒint]
iron (n)	fier (n)	[fier]
iron-, made of iron (adj)	de, din fier	[de, din 'fjer]
steel (n)	oțel (n)	[o'tsel]
steel (as adj)	de, din oțel	[de, din o'tsel]
copper (n)	cupru (n)	['kupru]
copper (as adj)	de, din cupru	[de, din 'kupru]
aluminium (n)	aluminiu (n)	[alu'miniu]
aluminium (as adj)	de, din aluminiu	[de, din alu'miniu]
bronze (n)	bronz (n)	[bronz]
bronze (as adj)	de, din bronz	[de, din bronz]
brass	alamă (f)	[a'lamə]
nickel	nichel (n)	['nikel]
platinum	platină (f)	['platinə]
mercury	mercur (n)	[mer'kur]
tin	cositor (n)	[kosi'tor]
lead	plumb (n)	[plumb]
zinc	zinc (n)	[zink]

HUMAN BEING

Human being. The body

26. Humans. Basic concepts

human being	om (m)	[om]
man (adult male)	bărbat (m)	[bər'bat]
woman	femeie (f)	[fe'meje]
child	copil (m)	[ko'pil]
girl	fată (f)	['fatə]
boy	băiat (m)	[bə'jat]
teenager	adolescent (m)	[adoles'ʧent]
old man	bătrân (m)	[bə'trin]
old woman	bătrână (f)	[bə'trinə]

27. Human anatomy

organism (body)	organism (n)	[orga'nizm]
heart	inimă (f)	['inimə]
blood	sânge (n)	['sinʤe]
artery	arteră (f)	[ar'terə]
vein	venă (f)	['venə]
brain	creier (m)	['krejer]
nerve	nerv (m)	[nerv]
nerves	nervi (m pl)	[nervʲ]
vertebra	vertebră (f)	[ver'tebrə]
spine (backbone)	coloană (f) vertebrală	[kolo'anə verte'bralə]
stomach (organ)	stomac (n)	[sto'mak]
intestines, bowels	intestin (n)	[intes'tin]
intestine (e.g. large ~)	intestin (n)	[intes'tin]
liver	ficat (m)	[fi'kat]
kidney	rinichi (m)	[ri'nikʲ]
bone	os (n)	[os]
skeleton	schelet (n)	[ske'let]
rib	coastă (f)	[ko'astə]
skull	craniu (n)	['kranju]
muscle	muşchi (m)	[muʃkʲ]
biceps	biceps (m)	['biʧeps]
triceps	triceps (m)	['triʧeps]
tendon	tendon (n)	[ten'don]
joint	încheietură (f)	[inkeje'turə]

lungs	plămâni (m pl)	[plə'minʲ]
genitals	organe (n pl) genitale	[or'gane dʒeni'tale]
skin	piele (f)	['pjele]

28. Head

head	cap (n)	[kap]
face	față (f)	['fatsə]
nose	nas (n)	[nas]
mouth	gură (f)	['gurə]

eye	ochi (m)	[okʲ]
eyes	ochi (m pl)	[okʲ]
pupil	pupilă (f)	[pu'pilə]
eyebrow	sprânceană (f)	[sprin'tʃanə]
eyelash	geană (f)	['dʒanə]
eyelid	pleoapă (f)	[pleo'apə]

tongue	limbă (f)	['limbə]
tooth	dinte (m)	['dinte]
lips	buze (f pl)	['buze]
cheekbones	pomeți (m pl)	[po'metsʲ]
gum	gingie (f)	[dʒin'dʒie]
palate	palat (n)	[pa'lat]

nostrils	nări (f pl)	[nərʲ]
chin	bărbie (f)	[bər'bie]
jaw	maxilar (n)	[maksi'lar]
cheek	obraz (m)	[o'braz]

forehead	frunte (f)	['frunte]
temple	tâmplă (f)	['timplə]
ear	ureche (f)	[u'reke]
back of the head	ceafă (f)	['tʃafə]
neck	gât (n)	[git]
throat	gât (n)	[git]

hair	păr (m)	[pər]
hairstyle	coafură (f)	[koa'furə]
haircut	tunsoare (f)	[tunso'are]
wig	perucă (f)	[pe'rukə]

moustache	mustăți (f pl)	[mus'tətsʲ]
beard	barbă (f)	['barbə]
to have (a beard, etc.)	a purta	[a pur'ta]
plait	cosiță (f)	[ko'sitsə]
sideboards	favoriți (m pl)	[favo'ritsʲ]

red-haired (adj)	roşcat	[roʃ'kat]
grey (hair)	cărunt	[kə'runt]
bald (adj)	chel	[kel]
bald patch	chelie (f)	[ke'lie]
ponytail	coadă (f)	[ko'adə]
fringe	breton (n)	[bre'ton]

29. Human body

hand	mână (f)	['mɨnə]
arm	braţ (n)	[brats]
finger	deget (n)	['dedʒet]
thumb	degetul (n) mare	['dedʒetul 'mare]
little finger	degetul (n) mic	['dedʒetul mik]
nail	unghie (f)	['ungie]
fist	pumn (m)	[pumn]
palm	palmă (f)	['palmə]
wrist	încheietura (f) mâinii	[ɨnkeje'tura 'mɨnij]
forearm	antebraţ (n)	[ante'brats]
elbow	cot (n)	[kot]
shoulder	umăr (m)	['umər]
leg	picior (n)	[pi'tʃior]
foot	talpă (f)	['talpə]
knee	genunchi (n)	[dʒe'nunkʲ]
calf (part of leg)	pulpă (f)	['pulpə]
hip	coapsă (f)	[ko'apsə]
heel	călcâi (n)	[kəl'kɨj]
body	corp (n)	[korp]
stomach	burtă (f)	['burtə]
chest	piept (n)	[pjept]
breast	sân (m)	[sɨn]
flank	coastă (f)	[ko'astə]
back	spate (n)	['spate]
lower back	regiune (f) lombară	[redʒi'une lom'barə]
waist	talie (f)	['talie]
navel (belly button)	buric (n)	[bu'rik]
buttocks	fese (f pl)	['fese]
bottom	şezut (n)	[ʃə'zut]
beauty spot	aluniţă (f)	[alu'nitsə]
birthmark (café au lait spot)	semn (n) din naştere	[semn din 'naʃtere]
tattoo	tatuaj (n)	[tatu'aʒ]
scar	cicatrice (f)	[tʃika'tritʃe]

Clothing & Accessories

30. Outerwear. Coats

clothes	îmbrăcăminte (f)	[imbrəkə'mintе]
outerwear	haină (f)	['hajnə]
winter clothing	îmbrăcăminte (f) de iarnă	[imbrəkə'minte de 'jarnə]
coat (overcoat)	palton (n)	[pal'ton]
fur coat	şubă (f)	['ʃubə]
fur jacket	scurtă (f) îmblănită	['skurtə imblə'nitə]
down coat	scurtă (f) de puf	['skurtə de 'puf]
jacket (e.g. leather ~)	scurtă (f)	['skurtə]
raincoat (trenchcoat, etc.)	trenci (f)	[trentʃi]
waterproof (adj)	impermeabil (n)	[imperme'abil]

31. Men's & women's clothing

shirt (button shirt)	cămaşă (f)	[kə'maʃə]
trousers	pantaloni (m pl)	[panta'lonʲ]
jeans	blugi (m pl)	[bludʒʲ]
suit jacket	sacou (n)	[sa'kou]
suit	costum (n)	[kos'tum]
dress (frock)	rochie (f)	['rokie]
skirt	fustă (f)	['fustə]
blouse	bluză (f)	['bluzə]
knitted jacket (cardigan, etc.)	jachetă (f) tricotată	[ʒa'ketə triko'tatə]
jacket (of woman's suit)	jachetă (f)	[ʒa'ketə]
T-shirt	tricou (n)	[tri'kou]
shorts (short trousers)	şorturi (n pl)	['ʃorturʲ]
tracksuit	costum (n) sportiv	[kos'tum spor'tiv]
bathrobe	halat (n)	[ha'lat]
pyjamas	pijama (f)	[piʒa'ma]
jumper (sweater)	sveter (n)	['sveter]
pullover	pulover (n)	[pu'lover]
waistcoat	vestă (f)	['vestə]
tailcoat	frac (n)	[frak]
dinner suit	smoching (n)	['smoking]
uniform	uniformă (f)	[uni'formə]
workwear	haină (f) de lucru	['hajnə de 'lukru]
boiler suit	salopetă (f)	[salo'petə]
coat (e.g. doctor's smock)	halat (n)	[ha'lat]

32. Clothing. Underwear

underwear	lenjerie (f) de corp	[lenʒe'rie de 'korp]
vest (singlet)	maiou (n)	[ma'jou]
socks	şosete (f pl)	[ʃo'sete]

nightdress	cămaşă (f) de noapte	[kə'maʃə de no'apte]
bra	sutien (n)	[su'tjen]
knee highs (knee-high socks)	ciorapi (m pl)	[tʃio'rapʲ]
tights	ciorapi pantalon (m pl)	[tʃio'rapʲ panta'lon]
stockings (hold ups)	ciorapi (m pl)	[tʃio'rapʲ]
swimsuit, bikini	costum (n) de baie	[kos'tum de 'bae]

33. Headwear

hat	căciulă (f)	[kə'tʃiulə]
trilby hat	pălărie (f)	[pələ'rie]
baseball cap	şapcă (f)	['ʃapkə]
flatcap	chipiu (n)	[ki'pju]

beret	beretă (f)	[be'retə]
hood	glugă (f)	['glugə]
panama hat	panama (f)	[pana'ma]
knit cap (knitted hat)	căciulă (f) împletită	[kə'tʃiulə imple'titə]

headscarf	basma (f)	[bas'ma]
women's hat	pălărie (f) de damă	[pələ'rie de 'damə]

hard hat	cască (f)	['kaskə]
forage cap	bonetă (f)	[bo'netə]
helmet	coif (n)	[kojf]

bowler	pălărie (f)	[pələ'rie]
top hat	joben (n)	[ʒo'ben]

34. Footwear

footwear	încălţăminte (f)	[inkəltsə'minte]
shoes (men's shoes)	ghete (f pl)	['gete]
shoes (women's shoes)	pantofi (m pl)	[pan'tofʲ]
boots (e.g., cowboy ~)	cizme (f pl)	['tʃizme]
carpet slippers	şlapi (m pl)	[ʃlapʲ]

trainers	adidaşi (m pl)	[a'didaʃ]
trainers	tenişi (m pl)	['teniʃ]
sandals	sandale (f pl)	[san'dale]

cobbler (shoe repairer)	cizmar (m)	[tʃiz'mar]
heel	toc (n)	[tok]
pair (of shoes)	pereche (f)	[pe'reke]
lace (shoelace)	şiret (n)	[ʃi'ret]

to lace up (vt)	a șnurui	[a ʃnuru'i]
shoehorn	lingură (f) pentru pantofi	['lingurə 'pentru pan'tofʲ]
shoe polish	cremă (f) de ghete	['kremə de 'gete]

35. Textile. Fabrics

cotton (n)	bumbac (m)	[bum'bak]
cotton (as adj)	de, din bumbac	[de, din bum'bak]
flax (n)	in (n)	[in]
flax (as adj)	de, din in	[de, din in]
silk (n)	mătase (f)	[mə'tase]
silk (as adj)	de, din mătase	[de, din mə'tase]
wool (n)	lână (f)	['lɨnə]
wool (as adj)	de, din lână	[de, din 'lɨnə]
velvet	catifea (f)	[kati'fʲa]
suede	piele (f) întoarsă	['pjele into'arsə]
corduroy	țesătură de bumbac catifelată (f)	[tsesə'turə de bum'bak katife'latə]
nylon (n)	nailon (n)	[naj'lon]
nylon (as adj)	de, din nailon	[de, din naj'lon]
polyester (n)	poliester (n)	[polies'ter]
polyester (as adj)	de, din poliester	[de, din polies'ter]
leather (n)	piele (f)	['pjele]
leather (as adj)	de, din piele	[de, din 'pjele]
fur (n)	blană (f)	['blanə]
fur (e.g. ~ coat)	de, din blană	[de, din 'blanə]

36. Personal accessories

gloves	mănuși (f pl)	[mə'nuʃ]
mittens	mănuși (f pl) cu un singur deget	[mə'nuʃ ku un 'singur 'dedʒet]
scarf (muffler)	fular (m)	[fu'lar]
glasses	ochelari (m pl)	[oke'larʲ]
frame (eyeglass ~)	ramă (f)	['ramə]
umbrella	umbrelă (f)	[um'brelə]
walking stick	baston (n)	[bas'ton]
hairbrush	perie (f) de păr	[pe'rie de pər]
fan	evantai (n)	[evan'taj]
tie (necktie)	cravată (f)	[kra'vatə]
bow tie	papion (n)	[papi'on]
braces	bretele (f pl)	[bre'tele]
handkerchief	batistă (f)	[ba'tistə]
comb	pieptene (m)	['pjeptəne]
hair slide	agrafă (f)	[a'grafə]

| hairpin | ac (n) de păr | [ak de pər] |
| buckle | cataramă (f) | [kata'ramə] |

| belt | cordon (n) | [kor'don] |
| shoulder strap | curea (f) | [ku'rʲa] |

bag (handbag)	geantă (f)	['dʒantə]
handbag	poșetă (f)	[po'ʃətə]
rucksack	rucsac (n)	[ruk'sak]

37. Clothing. Miscellaneous

fashion	modă (f)	['modə]
in vogue (adj)	la modă	[la 'modə]
fashion designer	modelier (n)	[mode'ljer]

collar	guler (n)	['guler]
pocket	buzunar (n)	[buzu'nar]
pocket (as adj)	de buzunar	[de buzu'nar]
sleeve	mânecă (f)	['minekə]
hanging loop	gaică (f)	['gajkə]
flies (on trousers)	șliț (n)	[ʃlits]

zip (fastener)	fermoar (n)	[fermo'ar]
fastener	capsă (f)	['kapsə]
button	nasture (m)	['nasture]
buttonhole	butonieră (f)	[buto'njerə]
to come off (ab. button)	a se rupe	[a se 'rupe]

to sew (vi, vt)	a coase	[a ko'ase]
to embroider (vi, vt)	a broda	[a bro'da]
embroidery	broderie (f)	[brode'rie]
sewing needle	ac (n)	[ak]
thread	ață (f)	['atsə]
seam	cusătură (f)	[kusə'turə]

to get dirty (vi)	a se murdări	[a se murdə'ri]
stain (mark, spot)	pată (f)	['patə]
to crease, crumple (vi)	a se șifona	[a se ʃifo'na]
to tear, to rip (vt)	a rupe	[a 'rupe]
clothes moth	molie (f)	['molie]

38. Personal care. Cosmetics

toothpaste	pastă (f) de dinți	['pastə de dintsʲ]
toothbrush	periuță (f) de dinți	[peri'utsə de dintsʲ]
to clean one's teeth	a se spăla pe dinți	[a se spə'la pe dintsʲ]

razor	brici (n)	['britʃi]
shaving cream	cremă (f) de bărbierit	['kremə de bərbie'rit]
to shave (vi)	a se bărbieri	[a se bərbie'ri]
soap	săpun (n)	[sə'pun]

shampoo	șampon (n)	[ʃam'pon]
scissors	foarfece (n)	[fo'arfetʃe]
nail file	pilă (f) de unghii	['pilə de 'ungij]
nail clippers	cleștișor (n)	[kleʃti'ʃor]
tweezers	pensetă (f)	[pen'setə]

cosmetics	cosmetică (f)	[kos'metikə]
face mask	mască (f)	['maskə]
manicure	manichiură (f)	[mani'kjurə]
to have a manicure	a face manichiura	[a 'fatʃe mani'kjura]
pedicure	pedichiură (f)	[pedi'kjurə]

make-up bag	trusă (f) de cosmetică	['trusə de kos'metikə]
face powder	pudră (f)	['pudrə]
powder compact	pudrieră (f)	[pudri'erə]
blusher	fard de obraz (n)	[fard de o'braz]

perfume (bottled)	parfum (n)	[par'fum]
toilet water (lotion)	apă de toaletă (f)	['apə de toa'letə]
lotion	loțiune (f)	[lotsi'une]
cologne	colonie (f)	[ko'lonie]

eyeshadow	fard (n) de pleoape	[fard 'pentru pleo'ape]
eyeliner	creion (n) de ochi	[kre'jon 'pentru okʲ]
mascara	rimel (n)	[ri'mel]

lipstick	ruj (n)	[ruʒ]
nail polish	ojă (f)	['oʒə]
hair spray	gel (n) de păr	[dʒel de pər]
deodorant	deodorant (n)	[deodo'rant]

cream	cremă (f)	['kremə]
face cream	cremă (f) de față	['kremə de 'fatsə]
hand cream	cremă (f) pentru mâini	['kremə 'pentru minʲ]
anti-wrinkle cream	cremă (f) anti-rid	['kremə 'anti rid]
day (as adj)	de zi	[de zi]
night (as adj)	de noapte	[de no'apte]

tampon	tampon (n)	[tam'pon]
toilet paper (toilet roll)	hârtie (f) igienică	[hɨr'tie idʒi'enikə]
hair dryer	uscător (n) de păr	[uskə'tor de pər]

39. Jewellery

jewellery, jewels	giuvaeruri (n pl)	[dʒiuva'erurʲ]
precious (e.g. ~ stone)	prețios	[pretsi'os]
hallmark stamp	marcă (f)	['markə]

ring	inel (n)	[i'nel]
wedding ring	verighetă (f)	[veri'getə]
bracelet	brățară (f)	[brə'tsarə]

| earrings | cercei (m pl) | [tʃer'tʃej] |
| necklace (~ of pearls) | colier (n) | [ko'ljer] |

crown	coroană (f)	[koro'anə]
bead necklace	mărgele (f pl)	[mər'dʒele]
diamond	briliant (n)	[brili'ant]
emerald	smarald (n)	[sma'rald]
ruby	rubin (n)	[ru'bin]
sapphire	safir (n)	[sa'fir]
pearl	perlă (f)	['perlə]
amber	chihlimbar (n)	[kihlim'bar]

40. Watches. Clocks

watch (wristwatch)	ceas (n) de mână	[tʃas de 'minə]
dial	cadran (n)	[ka'dran]
hand (of clock, watch)	acul (n) ceasornicului	['akul tʃasor'nikuluj]
metal bracelet	brăţară (f)	[brə'tsarə]
watch strap	curea (f)	[ku'ra]
battery	baterie (f)	[bate'rie]
to be flat (battery)	a se termina	[a se termi'na]
to change a battery	a schimba bateria	[a skim'ba bate'rija]
to run fast	a merge înainte	[a 'merdʒe ina'inte]
to run slow	a rămâne în urmă	[a rə'mine in 'urmə]
wall clock	pendulă (f)	[pen'dulə]
hourglass	clepsidră (f)	[klep'sidrə]
sundial	cadran (n) solar	[ka'dran so'lar]
alarm clock	ceas (n) deşteptător	[tʃas deʃteptə'tor]
watchmaker	ceasornicar (m)	[tʃasorni'kar]
to repair (vt)	a repara	[a repa'ra]

Food. Nutricion

41. Food

meat	carne (f)	['karne]
chicken	carne (f) de găină	['karne de gǝ'inǝ]
poussin	carne (f) de pui	['karne de puj]
duck	carne (f) de rață	['karne de 'ratsǝ]
goose	carne (f) de gâscă	['karne de 'giskǝ]
game	vânat (n)	[vi'nat]
turkey	carne (f) de curcan	['karne de 'kurkan]
pork	carne (f) de porc	['karne de pork]
veal	carne (f) de vițel	['karne de vi'tsel]
lamb	carne (f) de berbec	['karne de ber'bek]
beef	carne (f) de vită	['karne de 'vitǝ]
rabbit	carne (f) de iepure de casă	['karne de 'epure de 'kasǝ]
sausage (bologna, etc.)	salam (n)	[sa'lam]
vienna sausage (frankfurter)	crenvurşt (n)	[kren'vurʃt]
bacon	costiță (f) afumată	[kos'titsǝ afu'matǝ]
ham	şuncă (f)	['ʃunkǝ]
gammon	pulpă (f)	['pulpǝ]
pâté	pateu (n)	[pa'teu]
liver	ficat (m)	[fi'kat]
mince (minced meat)	carne (f) tocată	['karne to'katǝ]
tongue	limbă (f)	['limbǝ]
egg	ou (n)	['ow]
eggs	ouă (n pl)	['owǝ]
egg white	albuş (n)	[al'buʃ]
egg yolk	gălbenuş	[gǝlbe'nuʃ]
fish	peşte (m)	['peʃte]
seafood	produse (n pl) marine	[pro'duse ma'rine]
caviar	icre (f pl) de peşte	['ikre de 'peʃte]
crab	crab (m)	[krab]
prawn	crevetă (f)	[kre'vetǝ]
oyster	stridie (f)	['stridie]
spiny lobster	langustă (f)	[lan'gustǝ]
octopus	caracatiță (f)	[kara'katitsǝ]
squid	calmar (m)	[kal'mar]
sturgeon	carne (f) de nisetru	['karne de ni'setru]
salmon	somon (m)	[so'mon]
halibut	calcan (m)	[kal'kan]
cod	batog (m)	[ba'tog]
mackerel	macrou (n)	[ma'krou]

tuna	ton (m)	[ton]
eel	țipar (m)	[tsi'par]
trout	păstrăv (m)	[pəs'trəv]
sardine	sardea (f)	[sar'dʲa]
pike	știucă (f)	['ʃtjukə]
herring	scrumbie (f)	[skrum'bie]
bread	pâine (f)	['pine]
cheese	cașcaval (n)	['brinzə]
sugar	zahăr (n)	['zahər]
salt	sare (f)	['sare]
rice	orez (n)	[o'rez]
pasta (macaroni)	paste (f pl)	['paste]
noodles	tăiței (m)	[təi'tsej]
butter	unt (n)	['unt]
vegetable oil	ulei (n) vegetal	[u'lej vedʒe'tal]
sunflower oil	ulei (n) de floarea-soarelui	[u'lej de flo'arʲa so'areluj]
margarine	margarină (f)	[marga'rinə]
olives	olive (f pl)	[o'live]
olive oil	ulei (n) de măsline	[u'lej de məs'line]
milk	lapte (n)	['lapte]
condensed milk	lapte (n) condensat	['lapte konden'sat]
yogurt	iaurt (n)	[ja'urt]
soured cream	smântână (f)	[smin'tinə]
cream (of milk)	frișcă (f)	['friʃkə]
mayonnaise	maioneză (f)	[majo'nezə]
buttercream	cremă (f)	['kremə]
groats (barley ~, etc.)	crupe (f pl)	['krupe]
flour	făină (f)	[fə'inə]
tinned food	conserve (f pl)	[kon'serve]
cornflakes	fulgi (m pl) de porumb	['fuldʒʲ de po'rumb]
honey	miere (f)	['mjere]
jam	gem (n)	[dʒem]
chewing gum	gumă (f) de mestecat	['gumə de meste'kat]

42. Drinks

water	apă (f)	['apə]
drinking water	apă (f) potabilă	['apə po'tabilə]
mineral water	apă (f) minerală	['apə mine'ralə]
still (adj)	necarbogazoasă	[nekarbogazo'asə]
carbonated (adj)	carbogazoasă	[karbogazo'asə]
sparkling (adj)	gazoasă	[gazo'asə]
ice	gheață (f)	['gʲatsə]
with ice	cu gheață	[ku 'gʲatsə]

non-alcoholic (adj)	fără alcool	['fərə alko'ol]
soft drink	băutură (f) fără alcool	[bəu'turə fərə alko'ol]
refreshing drink	băutură (f) răcoritoare	[bəu'turə rəkorito'are]
lemonade	limonadă (f)	[limo'nadə]
spirits	băuturi (f pl) alcoolice	[bəu'turʲ alko'olitʃe]
wine	vin (n)	[vin]
white wine	vin (n) alb	[vin alb]
red wine	vin (n) roşu	[vin 'roʃu]
liqueur	lichior (n)	[li'kør]
champagne	şampanie (f)	[ʃam'panie]
vermouth	vermut (n)	[ver'mut]
whisky	whisky (n)	['wiski]
vodka	votcă (f)	['votkə]
gin	gin (n)	[dʒin]
cognac	coniac (n)	[ko'njak]
rum	rom (n)	[rom]
coffee	cafea (f)	[ka'fʲa]
black coffee	cafea (f) neagră	[ka'fʲa 'nʲagrə]
white coffee	cafea (f) cu lapte	[ka'fʲa ku 'lapte]
cappuccino	cafea (f) cu frişcă	[ka'fʲa ku 'friʃkə]
instant coffee	cafea (f) solubilă	[ka'fʲa so'lubilə]
milk	lapte (n)	['lapte]
cocktail	cocteil (n)	[kok'tejl]
milkshake	cocteil (n) din lapte	[kok'tejl din 'lapte]
juice	suc (n)	[suk]
tomato juice	suc (n) de roşii	[suk de 'roʃij]
orange juice	suc (n) de portocale	[suk de porto'kale]
freshly squeezed juice	suc (n) natural	[suk natu'ral]
beer	bere (f)	['bere]
lager	bere (f) blondă	['bere 'blondə]
bitter	bere (f) brună	['bere 'brunə]
tea	ceai (n)	[tʃaj]
black tea	ceai (n) negru	[tʃaj 'negru]
green tea	ceai (n) verde	[tʃaj 'verde]

43. Vegetables

vegetables	legume (f pl)	[le'gume]
greens	verdeaţă (f)	[ver'dʲatsə]
tomato	roşie (f)	['roʃie]
cucumber	castravete (m)	[kastra'vete]
carrot	morcov (m)	['morkov]
potato	cartof (m)	[kar'tof]
onion	ceapă (f)	['tʃapə]
garlic	usturoi (m)	[ustu'roj]

cabbage	varză (f)	['varzə]
cauliflower	conopidă (f)	[kono'pidə]
Brussels sprouts	varză (f) de Bruxelles	['varzə de bruk'sel]
broccoli	broccoli (m)	['brokoli]
beetroot	sfeclă (f)	['sfeklə]
aubergine	pătlăgea (f) vânătă	[pətlə'dʒʲa 'vɨnətə]
courgette	dovlecel (m)	[dovle'ʧel]
pumpkin	dovleac (m)	[dov'lʲak]
turnip	nap (m)	[nap]
parsley	pătrunjel (m)	[pətrun'ʒel]
dill	mărar (m)	[mə'rar]
lettuce	salată (f)	[sa'latə]
celery	țelină (f)	['ʦelinə]
asparagus	sparanghel (m)	[sparan'gel]
spinach	spanac (n)	[spa'nak]
pea	mazăre (f)	['mazəre]
beans	boabe (f pl)	[bo'abe]
maize	porumb (m)	[po'rumb]
kidney bean	fasole (f)	[fa'sole]
sweet paper	piper (m)	[pi'per]
radish	ridiche (f)	[ri'dike]
artichoke	anghinare (f)	[angi'nare]

44. Fruits. Nuts

fruit	fruct (n)	[frukt]
apple	măr (n)	[mər]
pear	pară (f)	['parə]
lemon	lămâie (f)	[lə'mɨe]
orange	portocală (f)	[porto'kalə]
strawberry (garden ~)	căpșună (f)	[kəp'ʃunə]
tangerine	mandarină (f)	[manda'rinə]
plum	prună (f)	['prunə]
peach	piersică (f)	['pjersikə]
apricot	caisă (f)	[ka'isə]
raspberry	zmeură (f)	['zmeurə]
pineapple	ananas (m)	[ana'nas]
banana	banană (f)	[ba'nanə]
watermelon	pepene (m) verde	['pepene 'verde]
grape	struguri (m pl)	['strugurʲ]
sour cherry	vișină (f)	['viʃinə]
sweet cherry	cireașă (f)	[ʧi'rʲaʃə]
melon	pepene (m) galben	['pepene 'galben]
grapefruit	grepfrut (n)	['grepfrut]
avocado	avocado (n)	[avo'kado]
papaya	papaia (f)	[pa'paja]
mango	mango (n)	['mango]

pomegranate	rodie (f)	['rodie]
redcurrant	coacăză (f) roşie	[ko'akəzə 'roʃie]
blackcurrant	coacăză (f) neagră	[ko'akəzə 'nʲagrə]
gooseberry	agrişă (f)	[a'griʃə]
bilberry	afină (f)	[a'finə]
blackberry	mură (f)	['murə]
raisin	stafidă (f)	[sta'fidə]
fig	smochină (f)	[smo'kinə]
date	curmală (f)	[kur'malə]
peanut	arahidă (f)	[ara'hidə]
almond	migdală (f)	[mig'dalə]
walnut	nucă (f)	['nukə]
hazelnut	alună (f) de pădure	[a'lunə de pə'dure]
coconut	nucă (f) de cocos	['nukə de 'kokos]
pistachios	fistic (m)	['fistik]

45. Bread. Sweets

bakers' confectionery (pastry)	produse (n pl) de cofetărie	[pro'duse də kofetə'rie]
bread	pâine (f)	['pɨne]
biscuits	biscuit (m)	[bisku'it]
chocolate (n)	ciocolată (f)	[tʃioko'latə]
chocolate (as adj)	de, din ciocolată	[de, din tʃioko'latə]
candy (wrapped)	bomboană (f)	[bombo'anə]
cake (e.g. cupcake)	prăjitură (f)	[prəʒi'turə]
cake (e.g. birthday ~)	tort (n)	[tort]
pie (e.g. apple ~)	plăcintă (f)	[plə'tʃintə]
filling (for cake, pie)	umplutură (f)	[umplu'turə]
jam (whole fruit jam)	dulceaţă (f)	[dul'tʃatsə]
marmalade	marmeladă (f)	[marme'ladə]
wafers	napolitane (f pl)	[napoli'tane]
ice-cream	îngheţată (f)	[inge'tsatə]

46. Cooked dishes

course, dish	fel (n) de mâncare	[fel de mɨ'nkare]
cuisine	bucătărie (f)	[bukətə'rie]
recipe	reţetă (f)	[re'tsetə]
portion	porţie (f)	['portsie]
salad	salată (f)	[sa'latə]
soup	supă (f)	['supə]
clear soup (broth)	supă (f) de carne	['supə de 'karne]
sandwich (bread)	tartină (f)	[tar'tinə]
fried eggs	omletă (f)	[om'letə]
hamburger (beefburger)	hamburger (m)	['hamburger]

beefsteak	biftec (n)	[bif'tek]
side dish	garnitură (f)	[garni'turə]
spaghetti	spaghete (f pl)	[spa'gete]
mash	piure (n) de cartofi	[pju're de kar'tofʲ]
pizza	pizza (f)	['pitsa]
porridge (oatmeal, etc.)	caşă (f)	['kaʃə]
omelette	omletă (f)	[om'letə]
boiled (e.g. ~ beef)	fiert	[fiert]
smoked (adj)	afumat	[afu'mat]
fried (adj)	prăjit	[prə'ʒit]
dried (adj)	uscat	[us'kat]
frozen (adj)	congelat	[kondʒe'lat]
pickled (adj)	marinat	[mari'nat]
sweet (sugary)	dulce	['dultʃe]
salty (adj)	sărat	[sə'rat]
cold (adj)	rece	['retʃe]
hot (adj)	fierbinte	[fier'binte]
bitter (adj)	amar	[a'mar]
tasty (adj)	gustos	[gus'tos]
to cook in boiling water	a fierbe	[a 'fjerbe]
to cook (dinner)	a găti	[a gə'ti]
to fry (vt)	a prăji	[a prə'ʒi]
to heat up (food)	a încălzi	[a ɨnkəl'zi]
to salt (vt)	a săra	[a sə'ra]
to pepper (vt)	a pipera	[a pipe'ra]
to grate (vt)	a da prin răzătoare	[a da prin rəzəto'are]
peel (n)	coajă (f)	[ko'aʒə]
to peel (vt)	a curăța	[a kurə'tsa]

47. Spices

salt	sare (f)	['sare]
salty (adj)	sărat	[sə'rat]
to salt (vt)	a săra	[a sə'ra]
black pepper	piper (m) negru	[pi'per 'negru]
red pepper (milled ~)	piper (m) roşu	[pi'per 'roʃu]
mustard	muştar (m)	[muʃ'tar]
horseradish	hrean (n)	[hrʲan]
condiment	condiment (n)	[kondi'ment]
spice	condiment (n)	[kondi'ment]
sauce	sos (n)	[sos]
vinegar	oțet (n)	[o'tset]
anise	anason (m)	[ana'son]
basil	busuioc (n)	[busu'jok]
cloves	cuişoare (f pl)	[kuiʃo'are]
ginger	ghimber (m)	[gim'ber]
coriander	coriandru (m)	[kori'andru]

cinnamon	scorțișoară (f)	[skortsiʃo'arə]
sesame	susan (m)	[su'san]
bay leaf	foi (f) de dafin	[foj de 'dafin]
paprika	paprică (f)	['paprikə]
caraway	chimen (m)	[ki'men]
saffron	șofran (m)	[ʃo'fran]

48. Meals

| food | mâncare (f) | [mɨn'kare] |
| to eat (vi, vt) | a mânca | [a mɨn'ka] |

breakfast	micul dejun (n)	['mikul de'ʒun]
to have breakfast	a lua micul dejun	[a lu'a 'mikul de'ʒun]
lunch	prânz (n)	[prinz]
to have lunch	a lua prânzul	[a lu'a 'prinzul]
dinner	cină (f)	['tʃinə]
to have dinner	a cina	[a tʃi'na]

| appetite | poftă (f) de mâncare | ['poftə de mɨ'nkare] |
| Enjoy your meal! | Poftă bună! | ['poftə 'bunə] |

to open (~ a bottle)	a deschide	[a des'kide]
to spill (liquid)	a vărsa	[a vər'sa]
to spill out (vi)	a se vărsa	[a se vər'sa]
to boil (vi)	a fierbe	[a 'fjerbe]
to boil (vt)	a fierbe	[a 'fjerbe]
boiled (~ water)	fiert	[fiert]
to chill, cool down (vt)	a răci	[a rə'tʃi]
to chill (vi)	a se răci	[a se rə'tʃi]

| taste, flavour | gust (n) | [gust] |
| aftertaste | aromă (f) | [a'romə] |

to slim down (lose weight)	a slăbi	[a slə'bi]
diet	dietă (f)	[di'etə]
vitamin	vitamină (f)	[vita'minə]
calorie	calorie (f)	[kalo'rie]
vegetarian (n)	vegetarian (m)	[vedʒetari'an]
vegetarian (adj)	vegetarian	[vedʒetari'an]

fats (nutrient)	grăsimi (f pl)	[grə'simʲ]
proteins	proteine (f pl)	[prote'ine]
carbohydrates	hidrați (m pl) de carbon	[hi'dratsʲ de kar'bon]
slice (of lemon, ham)	felie (f)	[fe'lie]
piece (of cake, pie)	bucată (f)	[bu'katə]
crumb (of bread, cake, etc.)	firimitură (f)	[firimi'turə]

49. Table setting

| spoon | lingură (f) | ['lingurə] |
| knife | cuțit (n) | [ku'tsit] |

fork	furculiță (f)	[furku'litsə]
cup (e.g., coffee ~)	ceașcă (f)	['tʃaʃkə]
plate (dinner ~)	farfurie (f)	[farfu'rie]
saucer	farfurioară (f)	[farfurio'arə]
serviette	șervețel (n)	[ʃərve'tsel]
toothpick	scobitoare (f)	[skobito'are]

50. Restaurant

restaurant	restaurant (n)	[restau'rant]
coffee bar	cafenea (f)	[kafe'nʲa]
pub, bar	bar (n)	[bar]
tearoom	salon (n) de ceai	[sa'lon de tʃaj]
waiter	chelner (m)	['kelner]
waitress	chelneriță (f)	[kelne'ritsə]
barman	barman (m)	['barman]
menu	meniu (n)	[me'nju]
wine list	meniu (n) de vinuri	[menju de 'vinurʲ]
to book a table	a rezerva o masă	[a rezer'va o 'masə]
course, dish	mâncare (f)	[min'kare]
to order (meal)	a comanda	[a koman'da]
to make an order	a face comandă	[a 'fatʃe ko'mandə]
aperitif	aperitiv (n)	[aperi'tiv]
starter	gustare (f)	[gus'tare]
dessert, pudding	desert (n)	[de'sert]
bill	notă (f) de plată	['notə de 'platə]
to pay the bill	a achita nota de plată	[a aki'ta 'nota de 'platə]
to give change	a da rest	[a da 'rest]
tip	bacșiș (n)	[bak'ʃiʃ]

Family, relatives and friends

51. Personal information. Forms

name (first name)	prenume (n)	[pre'nume]
surname (last name)	nume (n)	['nume]
date of birth	data (f) naşterii	['data 'naʃterij]
place of birth	locul (n) naşterii	['lokul 'naʃterij]
nationality	naţionalitate (f)	[natsionali'tate]
place of residence	locul (n) de reşedinţă	['lokul de reʃə'dintsə]
country	ţară (f)	['tsarə]
profession (occupation)	profesie (f)	[pro'fesie]
gender, sex	sex (n)	[seks]
height	înălţime (f)	[inəl'tsime]
weight	greutate (f)	[greu'tate]

52. Family members. Relatives

mother	mamă (f)	['mamə]
father	tată (m)	['tatə]
son	fiu (m)	['fju]
daughter	fiică (f)	['fiikə]
younger daughter	fiica (f) mai mică	['fiika maj 'mikə]
younger son	fiul (m) mai mic	['fjul maj mik]
eldest daughter	fiica (f) mai mare	['fiika maj 'mare]
eldest son	fiul (m) mai mare	['fjul maj 'mare]
brother	frate (m)	['frate]
sister	soră (f)	['sorə]
cousin (masc.)	văr (m)	[vər]
cousin (fem.)	vară (f)	['varə]
mummy	mamă (f)	['mamə]
dad, daddy	tată (m)	['tatə]
parents	părinţi (m pl)	[pə'rintsʲ]
child	copil (m)	[ko'pil]
children	copii (m pl)	[ko'pij]
grandmother	bunică (f)	[bu'nikə]
grandfather	bunic (m)	[bu'nik]
grandson	nepot (m)	[ne'pot]
granddaughter	nepoată (f)	[nepo'atə]
grandchildren	nepoţi (m pl)	[ne'potsʲ]
uncle	unchi (m)	[unkʲ]
aunt	mătuşă (f)	[mə'tuʃə]

nephew	nepot (m)	[ne'pot]
niece	nepoată (f)	[nepo'atə]
mother-in-law (wife's mother)	soacră (f)	[so'akrə]
father-in-law (husband's father)	socru (m)	['sokru]
son-in-law (daughter's husband)	cumnat (m)	[kum'nat]
stepmother	mamă vitregă (f)	['mamə 'vitregə]
stepfather	tată vitreg (m)	['tatə 'vitreg]
infant	sugaci (m)	[su'gatʃi]
baby (infant)	prunc (m)	[prunk]
little boy, kid	pici (m)	[pitʃi]
wife	soție (f)	[so'tsie]
husband	soț (m)	[sots]
spouse (husband)	soț (m)	[sots]
spouse (wife)	soție (f)	[so'tsie]
married (masc.)	căsătorit	[kəsəto'rit]
married (fem.)	căsătorită	[kəsəto'ritə]
single (unmarried)	celibatar (m)	[tʃeliba'tar]
bachelor	burlac (m)	[bur'lak]
divorced (masc.)	divorțat	[divor'tsat]
widow	văduvă (f)	[vəduvə]
widower	văduv (m)	[vəduv]
relative	rudă (f)	['rudə]
close relative	rudă (f) apropiată	['rudə apropi'jatə]
distant relative	rudă (f) îndepărtată	['rudə indeper'tatə]
relatives	rude (f pl) de sânge	['rude de 'sindʒe]
orphan (boy or girl)	orfan (m)	[or'fan]
guardian (of a minor)	tutore (m)	[tu'tore]
to adopt (a boy)	a adopta	[a adop'ta]
to adopt (a girl)	a adopta	[a adop'ta]

53. Friends. Colleagues

friend (masc.)	prieten (m)	[pri'eten]
friend (fem.)	prietenă (f)	[pri'etenə]
friendship	prietenie (f)	[priete'nie]
to be friends	a prieteni	[a priete'ni]
pal (masc.)	amic (m)	[a'mik]
pal (fem.)	amică (f)	[a'mikə]
partner	partener (m)	[parte'ner]
chief (boss)	șef (m)	[ʃef]
superior (n)	director (m)	[di'rektor]
subordinate (n)	subordonat (m)	[subordo'nat]
colleague	coleg (m)	[ko'leg]

acquaintance (person)	cunoscut (m)	[kunos'kut]
fellow traveller	tovarăş (m) de drum	[to'varəʃ de drum]
classmate	coleg (m) de clasă	[ko'leg de 'klasə]
neighbour (masc.)	vecin (m)	[ve'tʃin]
neighbour (fem.)	vecină (f)	[ve'tʃinə]
neighbours	vecini (m pl)	[ve'tʃinʲ]

54. Man. Woman

woman	femeie (f)	[fe'meje]
girl (young woman)	domnişoară (f)	[domniʃo'arə]
bride	mireasă (f)	[mi'rʲasə]
beautiful (adj)	frumoasă	[frumo'asə]
tall (adj)	înaltă	[i'naltə]
slender (adj)	zveltă	['zveltə]
short (adj)	scundă	['skundə]
blonde (n)	blondă (f)	['blondə]
brunette (n)	brunetă (f)	[bru'netə]
ladies' (adj)	de damă	[de 'damə]
virgin (girl)	virgină (f)	[vir'dʒinə]
pregnant (adj)	gravidă (f)	[gra'vidə]
man (adult male)	bărbat (m)	[bər'bat]
blonde haired man	blond (m)	[blond]
dark haired man	brunet (m)	[bru'net]
tall (adj)	înalt	[i'nalt]
short (adj)	scund	[skund]
rude (rough)	grosolan	[groso'lan]
stocky (adj)	robust	[ro'bust]
robust (adj)	tare	['tare]
strong (adj)	puternic	[pu'ternik]
strength	forţă (f)	['fortsə]
stout, fat (adj)	gras	[gras]
swarthy (adj)	negricios	[negri'tʃios]
slender (well-built)	zvelt	[zvelt]
elegant (adj)	elegant	[ele'gant]

55. Age

age	vârstă (f)	['vɨrstə]
youth (young age)	tinereţe (f)	[tine'retse]
young (adj)	tânăr	['tɨnər]
younger (adj)	mai mic	[maj mik]
older (adj)	mai mare	[maj 'mare]

young man	tânăr (m)	['tinər]
teenager	adolescent (m)	[adoles'tʃent]
guy, fellow	flăcău (m)	[flə'kəu]

| old man | bătrân (m) | [bə'trin] |
| old woman | bătrână (f) | [bə'trinə] |

adult (adj)	adult (m)	[a'dult]
middle-aged (adj)	de vârstă medie	[de 'virstə 'medie]
elderly (adj)	în vârstă	[in 'virstə]
old (adj)	bătrân	[bə'trin]

retirement	pensie (f)	['pensie]
to retire (from job)	a se pensiona	[a se pensio'na]
pensioner	pensionar (m)	[pensio'nar]

56. Children

child	copil (m)	[ko'pil]
children	copii (m pl)	[ko'pij]
twins	gemeni (m pl)	['dʒemenʲ]

cradle	leagăn (n)	['lʲagən]
rattle	sunătoare (f)	[sunəto'are]
nappy	scutec (n)	['skutek]

| dummy, comforter | biberon (n) | [bibe'ron] |
| pram | cărucior (n) pentru copii | [kəru'tʃior 'pentru ko'pij] |

| nursery | grădiniță (f) de copii | [grədi'nitsə de ko'pij] |
| babysitter | dădacă (f) | [də'dakə] |

| childhood | copilărie (f) | [kopilə'rie] |
| doll | păpușă (f) | [pə'puʃə] |

| toy | jucărie (f) | [ʒukə'rie] |
| construction set (toy) | constructor (m) | [kon'struktor] |

well-bred (adj)	bine crescut	['bine kres'kut]
ill-bred (adj)	needucat	[needu'kat]
spoilt (adj)	răsfățat	[rəsfə'tsat]

| to be naughty | a face pozne | [a 'fatʃe 'pozne] |
| mischievous (adj) | năzbâtios | [nəzbiti'os] |

| mischievousness | năzbâtie (f) | [nəz'bitie] |
| mischievous child | ștrengar (m) | [ʃtren'gar] |

| obedient (adj) | ascultător | [askultə'tor] |
| disobedient (adj) | neascultător | [neaskultə'tor] |

docile (adj)	inteligent	[inteli'dʒent]
clever (intelligent)	deștept	[deʃ'tept]
child prodigy	copil (m) minune	[ko'pil mi'nune]

57. Married couples. Family life

English	Romanian	Pronunciation
to kiss (vt)	a săruta	[a səru'ta]
to kiss (vi)	a se săruta	[a se səru'ta]
family (n)	familie (f)	[fa'milie]
family (as adj)	de familie	[de fa'milie]
couple	pereche (f)	[pe'reke]
marriage (state)	căsătorie (f)	[kəsəto'rie]
hearth (home)	cămin (n)	[kə'min]
dynasty	dinastie (f)	[dinas'tie]
date	întâlnire (f)	[intɨl'nire]
kiss	sărut (n)	[sə'rut]
love (for sb)	iubire (f)	[ju'bire]
to love (sb)	a iubi	[a ju'bi]
beloved	iubit	[ju'bit]
tenderness	gingăşie (f)	[dʒingə'ʃie]
tender (affectionate)	tandru	['tandru]
faithfulness	fidelitate (f)	[fideli'tate]
faithful (adj)	fidel	[fi'del]
care (attention)	grijă (f)	['griʒə]
caring (~ father)	grijuliu	[griʒu'lju]
newlyweds	tineri (m pl) căsătoriţi	['tinerʲ kəsəto'ritsʲ]
honeymoon	lună (f) de miere	['lunə de 'mjere]
to get married (ab. woman)	a se mărita	[a se məri'ta]
to get married (ab. man)	a se căsători	[a se kəsəto'ri]
wedding	nuntă (f)	['nuntə]
golden wedding	nuntă (f) de aur	['nuntə de 'aur]
anniversary	aniversare (f)	[aniver'sare]
lover (masc.)	amant (m)	[a'mant]
mistress (lover)	amantă (f)	[a'mantə]
adultery	adulter (n)	[adul'ter]
to cheat on ... (commit adultery)	a înşela	[a inʃe'la]
jealous (adj)	gelos	[dʒe'los]
to be jealous	a fi gelos	[a fi dʒe'los]
divorce	divorţ (n)	[di'vortsʲ]
to divorce (vi)	a divorţa	[a divor'tsa]
to quarrel (vi)	a se certa	[a se tʃer'ta]
to be reconciled (after an argument)	a se împăca	[a se impə'ka]
together (adv)	împreună	[impre'unə]
sex	sex (n)	[seks]
happiness	fericire (f)	[feri'tʃire]
happy (adj)	fericit	[feri'tʃit]
misfortune (accident)	nenorocire (f)	[nenoro'tʃire]
unhappy (adj)	nefericit	[neferi'tʃit]

Character. Feelings. Emotions

58. Feelings. Emotions

feeling (emotion)	sentiment (n)	[senti'ment]
feelings	sentimente (n pl)	[senti'mente]
hunger	foame (f)	[fo'ame]
to be hungry	a fi foame	[a fi fo'ame]
thirst	sete (f)	['sete]
to be thirsty	a fi sete	[a fi 'sete]
sleepiness	somnolenţă (f)	[somno'lentsə]
to feel sleepy	a fi somn	[a fi somn]
tiredness	oboseală (f)	[obo'sʲalə]
tired (adj)	obosit	[obo'sit]
to get tired	a obosi	[a obo'si]
mood (humour)	dispoziţie (f)	[dispo'zitsie]
boredom	plictiseală (f)	[plikti'sʲalə]
to be bored	a se plictisi	[a se plikti'si]
seclusion	singurătate (f)	[singurə'tate]
to seclude oneself	a se izola	[a se izo'la]
to worry (make anxious)	a nelinişti	[a neliniʃ'ti]
to be worried	a se nelinişti	[a se neliniʃ'ti]
worrying (n)	nelinişte (f)	[ne'liniʃte]
anxiety	nelinişte (f)	[ne'liniʃte]
preoccupied (adj)	preocupat	[preoku'pat]
to be nervous	a se enerva	[a se ener'va]
to panic (vi)	a panica	[a pani'ka]
hope	speranţă (f)	[spe'rantsə]
to hope (vi, vt)	a spera	[a spe'ra]
certainty	siguranţa (f)	[sigu'rantsə]
certain, sure (adj)	sigur	['sigur]
uncertainty	nesiguranţă (f)	[nesigu'rantsə]
uncertain (adj)	nesigur	[ne'sigur]
drunk (adj)	beat	[bʲat]
sober (adj)	treaz	[trʲaz]
weak (adj)	slab	[slab]
happy (adj)	norocos	[noro'kos]
to scare (vt)	a speria	[a speri'ja]
fury (madness)	turbare (f)	[tur'bare]
rage (fury)	furie (f)	[fu'rie]
depression	depresie (f)	[de'presie]
discomfort (unease)	disconfort (n)	[diskon'fort]

comfort	confort (n)	[kon'fort]
to regret (be sorry)	a regreta	[a regre'ta]
regret	regret (n)	[re'gret]
bad luck	ghinion (n)	[gini'on]
sadness	întristare (f)	[intri'stare]
shame (remorse)	ruşine (f)	[ru'ʃine]
gladness	veselie (f)	[vese'lie]
enthusiasm, zeal	entuziasm (n)	[entuzi'asm]
enthusiast	entuziast (m)	[entuzi'ast]
to show enthusiasm	a arăta entuziasm	[a arə'ta entuzi'asm]

59. Character. Personality

character	caracter (n)	[karak'ter]
character flaw	viciu (n)	['vitʃiu]
mind	minte (f)	['minte]
reason	raţiune (f)	[ratsi'une]
conscience	conştiinţă (f)	[konʃti'intsə]
habit (custom)	obişnuinţă (f)	[obiʃnu'intsə]
ability (talent)	talent (n)	[ta'lent]
can (e.g. ~ swim)	a putea	[a pu'tʲa]
patient (adj)	răbdător	[rəbdə'tor]
impatient (adj)	nerăbdător	[nerəbdə'tor]
curious (inquisitive)	curios	[kuri'os]
curiosity	curiozitate (f)	[kuriozi'tate]
modesty	modestie (f)	[modes'tie]
modest (adj)	modest	[mo'dest]
immodest (adj)	lipsit de modestie	[lip'sit de modes'tie]
laziness	lene (f)	['lene]
lazy (adj)	leneş	['leneʃ]
lazy person (masc.)	leneş (m)	['leneʃ]
cunning (n)	viclenie (f)	[vikle'nie]
cunning (as adj)	viclean	[vik'lʲan]
distrust	neîncredere (f)	[nein'kredere]
distrustful (adj)	neîncrezător	[neinkrezə'tor]
generosity	generozitate (f)	[dʒenerozi'tate]
generous (adj)	generos	[dʒene'ros]
talented (adj)	talentat	[talen'tat]
talent	talent (n)	[ta'lent]
courageous (adj)	îndrăzneţ	[indrəz'nets]
courage	îndrăzneală (f)	[indrəz'nʲalə]
honest (adj)	onest	[o'nest]
honesty	onestitate (f)	[onesti'tate]
careful (cautious)	prudent	[pru'dent]
brave (courageous)	curajos	[kura'ʒos]

| serious (adj) | serios | [se'rjos] |
| strict (severe, stern) | sever | [se'ver] |

decisive (adj)	hotărât	[hotə'rɨt]
indecisive (adj)	nehotărât	[nehotə'rɨt]
shy, timid (adj)	sfios	[sfi'os]
shyness, timidity	sfială (f)	[sfi'jalə]

confidence (trust)	încredere (f)	[ɨn'kredere]
to believe (trust)	a avea încredere	[a a'vʲa ɨn'kredere]
trusting (credulous)	credul	[kre'dul]

sincerely (adv)	sincer	['sintʃer]
sincere (adj)	sincer	['sintʃer]
sincerity	sinceritate (f)	[sintʃeri'tate]
open (person)	deschis	[des'kis]

calm (adj)	liniştit	[liniʃ'tit]
frank (sincere)	sincer	['sintʃer]
naïve (adj)	naiv	[na'iv]
absent-minded (adj)	distrat	[dis'trat]
funny (odd)	hazliu	[haz'lju]

greed, stinginess	lăcomie (f)	[ləko'mie]
greedy, stingy (adj)	lacom	['lakom]
stingy (adj)	zgârcit	[zgɨr'tʃit]
evil (adj)	rău	['rəu]
stubborn (adj)	încăpăţânat	[ɨnkəpətsɨ'nat]
unpleasant (adj)	neplăcut	[neplə'kut]

selfish person (masc.)	egoist (m)	[ego'ist]
selfish (adj)	egoist	[ego'ist]
coward	laş (m)	[laʃ]
cowardly (adj)	fricos	[fri'kos]

60. Sleep. Dreams

to sleep (vi)	a dormi	[a dor'mi]
sleep, sleeping	somn (n)	[somn]
dream	vis (n)	[vis]
to dream (in sleep)	a visa	[a vi'sa]
sleepy (adj)	somnoros	[somno'ros]

bed	pat (n)	[pat]
mattress	saltea (f)	[sal'tʲa]
blanket (eiderdown)	plapumă (f)	['plapumə]
pillow	pernă (f)	['pernə]
sheet	cearşaf (n)	[tʃar'ʃaf]

insomnia	insomnie (f)	[insom'nie]
sleepless (adj)	fără somn	['fərə somn]
sleeping pill	somnifer (n)	[somni'fer]
to take a sleeping pill	a lua somnifere	[a lu'a somni'fere]
to feel sleepy	a fi somn	[a fi somn]

to yawn (vi)	a căsca	[a kəs'ka]
to go to bed	a merge la culcare	[a 'merdʒe la kul'kare]
to make up the bed	a face patul	[a 'fatʃe 'patul]
to fall asleep	a adormi	[a ador'mi]

nightmare	coşmar (n)	[koʃ'mar]
snore, snoring	sforăit (n)	[sforə'it]
to snore (vi)	a sforăi	[a sforə'i]

alarm clock	ceas (n) deşteptător	[tʃas deʃteptə'tor]
to wake (vt)	a trezi	[a tre'zi]
to wake up	a se trezi	[a se tre'zi]
to get up (vi)	a se ridica	[a se ridi'ka]
to have a wash	a se spăla	[a se spə'la]

61. Humour. Laughter. Gladness

humour (wit, fun)	umor (n)	[u'mor]
sense of humour	simţ (n)	[simts]
to enjoy oneself	a se veseli	[a se vese'li]
cheerful (merry)	vesel	['vesel]
merriment (gaiety)	veselie (f)	[vese'lie]

smile	zâmbet (n)	['zɨmbet]
to smile (vi)	a zâmbi	[a zɨm'bi]
to start laughing	a izbucni în râs	[a izbuk'ni ɨn ris]
to laugh (vi)	a râde	[a 'ride]
laugh, laughter	râs (n)	[ris]

anecdote	anecdotă (f)	[anek'dotə]
funny (anecdote, etc.)	hazliu	[haz'lju]
funny (odd)	hazliu	[haz'lju]

to joke (vi)	a glumi	[a glu'mi]
joke (verbal)	glumă (f)	['glumə]
joy (emotion)	bucurie (f)	[buku'rie]
to rejoice (vi)	a se bucura	[a se buku'ra]
joyful (adj)	bucuros	[buku'ros]

62. Discussion, conversation. Part 1

| communication | comunicare (f) | [komuni'kare] |
| to communicate | a comunica | [a komuni'ka] |

conversation	convorbire (f)	[konvor'bire]
dialogue	dialog (n)	[dia'log]
discussion (discourse)	dezbatere (f)	[dez'batere]
dispute (debate)	polemică (f)	[po'lemikə]
to dispute	a revendica	[a revendi'ka]

| interlocutor | interlocutor (m) | [interloku'tor] |
| topic (theme) | temă (f) | ['temə] |

point of view	punct (n) de vedere	[punkt de ve'dere]
opinion (point of view)	părere (f)	[pə'rere]
speech (talk)	discurs (n)	[dis'kurs]

discussion (of report, etc.)	discuție (f)	[dis'kutsie]
to discuss (vt)	a discuta	[a disku'ta]
talk (conversation)	conversație (f)	[konver'satsie]
to talk (to chat)	a conversa	[a konver'sa]
meeting (encounter)	întâlnire (f)	[intil'nire]
to meet (vi, vt)	a se întâlni	[a se intil'ni]

proverb	proverb (n)	[pro'verb]
saying	zicătoare (f)	[zikəto'are]
riddle (poser)	ghicitoare (f)	[gitʃito'are]
to pose a riddle	a ghici o ghicitoare	[a gi'tʃi o gitʃito'are]
password	parolă (f)	[pa'rolə]
secret	secret (n)	[se'kret]

oath (vow)	jurământ (n)	[ʒurə'mint]
to swear (an oath)	a jura	[a ʒu'ra]
promise	promisiune (f)	[promisi'une]
to promise (vt)	a promite	[a pro'mite]

advice (counsel)	sfat (n)	[sfat]
to advise (vt)	a sfătui	[a sfətu'i]
to listen to ... (obey)	a asculta	[a askul'ta]

news	noutate (f)	[nou'tate]
sensation (news)	senzație (f)	[sen'zatsie]
information (report)	informații (f pl)	[infor'matsij]
conclusion (decision)	concluzie (f)	[kon'kluzie]
voice	voce (f)	['votʃe]
compliment	compliment (n)	[kompli'ment]
kind (nice)	amabil	[a'mabil]

word	cuvânt (n)	[ku'vint]
phrase	frază (f)	['frazə]
answer	răspuns (n)	[rəs'puns]

| truth | adevăr (n) | [ade'vər] |
| lie | minciună (f) | [min'tʃiunə] |

thought	gând (f)	[gind]
idea (inspiration)	gând (n)	[gind]
fantasy	imaginație (f)	[imadʒi'natsie]

63. Discussion, conversation. Part 2

respected (adj)	stimat	[sti'mat]
to respect (vt)	a respecta	[a respek'ta]
respect	respect (n)	[res'pekt]
Dear ... (letter)	Stimate ...	[sti'mate]
to introduce (sb to sb)	a prezenta	[a prezen'ta]
intention	intenție (f)	[in'tentsie]

English	Romanian	Pronunciation
to intend (have in mind)	a intenționa	[a intentsio'na]
wish	urare (f)	[u'rare]
to wish (~ good luck)	a ura	[a u'ra]
surprise (astonishment)	mirare (f)	[mi'rare]
to surprise (amaze)	a mira	[a mi'ra]
to be surprised	a se mira	[a se mi'ra]
to give (vt)	a da	[a da]
to take (get hold of)	a lua	[a lu'a]
to give back	a restitui	[a restitu'i]
to return (give back)	a înapoia	[a inapo'ja]
to apologize (vi)	a cere scuze	[a 'tʃere 'skuze]
apology	scuză (f)	['skuzə]
to forgive (vt)	a ierta	[a er'ta]
to talk (speak)	a vorbi	[a vor'bi]
to listen (vi)	a asculta	[a askul'ta]
to hear out	a asculta	[a askul'ta]
to understand (vt)	a înțelege	[a intse'ledʒe]
to show (to display)	a arăta	[a arə'ta]
to look at …	a se uita	[a se uj'ta]
to call (yell for sb)	a chema	[a ke'ma]
to disturb (vt)	a deranja	[a deran'ʒa]
to pass (to hand sth)	a transmite	[a trans'mite]
demand (request)	rugăminte (f)	[rugə'minte]
to request (ask)	a ruga	[a ru'ga]
demand (firm request)	cerere (f)	['tʃerere]
to demand (request firmly)	a cere	[a 'tʃere]
to tease (call names)	a tachina	[a taki'na]
to mock (make fun of)	a-și bate joc	[aʃ 'bate ʒok]
mockery, derision	derâdere (f)	[de'ridere]
nickname	poreclă (f)	[po'reklə]
insinuation	aluzie (f)	[a'luzie]
to insinuate (imply)	a face aluzie	[a 'fatʃe a'luzie]
to mean (vt)	a se subînțelege	[a se subıntse'ledʒe]
description	descriere (f)	[de'skriere]
to describe (vt)	a descrie	[a de'skrie]
praise (compliments)	laudă (f)	['laudə]
to praise (vt)	a lăuda	[a ləu'da]
disappointment	dezamăgire (f)	[dezamə'dʒire]
to disappoint (vt)	a dezamăgi	[a dezamə'dʒi]
to be disappointed	a se dezamăgi	[a se dezamə'dʒi]
supposition	presupunere (f)	[presu'punere]
to suppose (assume)	a presupune	[a presu'pune]
warning (caution)	avertisment (n)	[avertis'ment]
to warn (vt)	a preveni	[a preve'ni]

64. Discussion, conversation. Part 3

to talk into (convince)	a convinge	[a kon'vindʒe]
to calm down (vt)	a liniști	[a liniʃ'ti]
silence (~ is golden)	tăcere (f)	[tə'tʃere]
to be silent (not speaking)	a tăcea	[a tə'tʃa]
to whisper (vi, vt)	a șopti	[a ʃop'ti]
whisper	șoaptă (f)	[ʃo'aptə]
frankly, sincerely (adv)	sincer	['sintʃer]
in my opinion ...	după părerea mea ...	['dupə pə'rerʲa mʲa]
detail (of the story)	amănunt (n)	[amə'nunt]
detailed (adj)	amănunțit	[amənun'tsit]
in detail (adv)	amănunțit	[amənun'tsit]
hint, clue	indiciu (n)	[in'ditʃiu]
to give a hint	a șopti	[a ʃop'ti]
look (glance)	privire (f)	[pri'vire]
to have a look	a privi	[a pri'vi]
fixed (look)	fix	[fiks]
to blink (vi)	a clipi	[a kli'pi]
to wink (vi)	a clipi	[a kli'pi]
to nod (in assent)	a da din cap	[a da din 'kap]
sigh	oftat (n)	[of'tat]
to sigh (vi)	a ofta	[a of'ta]
to shudder (vi)	a tresări	[a tresə'ri]
gesture	gest (n)	[dʒest]
to touch (one's arm, etc.)	a se atinge	[a se a'tindʒe]
to seize (e.g., ~ by the arm)	a apuca	[a apu'ka]
to tap (on the shoulder)	a bate	[a 'bate]
Look out!	Atenție!	[a'tentsie]
Really?	Oare?	[o'are]
Are you sure?	Ești sigur?	[eʃtʲ 'sigur]
Good luck!	Succes!	[suk'tʃes]
I see!	Clar!	[klar]
What a pity!	Ce păcat!	[tʃe pə'kat]

65. Agreement. Refusal

consent	consimțământ (n)	[konsimtsə'mɨnt]
to consent (vi)	a fi de acord cu ...	[a fi de a'kord ku]
approval	aprobare (f)	[apro'bare]
to approve (vt)	a aproba	[a apro'ba]
refusal	refuz (n)	[re'fuz]
to refuse (vi, vt)	a refuza	[a refu'za]
Great!	Perfect!	[per'fekt]
All right!	Bine!	['bine]

Okay! (I agree)	De acord!	[de a'kord]
forbidden (adj)	interzis	[inter'zis]
it's forbidden	nu se poate	[nu se po'ate]
it's impossible	imposibil	[impo'sibil]
incorrect (adj)	incorect	[inko'rekt]

to reject (~ a demand)	a respinge	[a res'pindʒe]
to support (cause, idea)	a susține	[a sus'tsine]
to accept (~ an apology)	a accepta	[a aktʃep'ta]

to confirm (vt)	a confirma	[a konfir'ma]
confirmation	confirmare (f)	[konfir'mare]
permission	permisiune (f)	[permisi'une]
to permit (vt)	a permite	[a per'mite]
decision	hotărâre (f)	[hotə'rire]
to say nothing (hold one's tongue)	a tăcea	[a tə'tʃa]

| condition (term) | condiție (f) | [kon'ditsie] |
| excuse (pretext) | pretext (n) | [pre'tekst] |

| praise (compliments) | laudă (f) | ['laudə] |
| to praise (vt) | a lăuda | [a ləu'da] |

66. Success. Good luck. Failure

success	reușită (f)	[reu'ʃitə]
successfully (adv)	reușit	[reu'ʃit]
successful (adj)	reușit	[reu'ʃit]

| luck (good luck) | succes (n) | [suk'tʃes] |
| Good luck! | Succes! | [suk'tʃes] |

| lucky (e.g. ~ day) | norocos | [noro'kos] |
| lucky (fortunate) | norocos | [noro'kos] |

failure	eșec (n)	[e'ʃək]
misfortune	ghinion (n)	[gini'on]
bad luck	ghinion (n)	[gini'on]

| unsuccessful (adj) | nereușit | [nereu'ʃit] |
| catastrophe | catastrofă (f) | [katas'trofə] |

pride	mândrie (f)	[mɨn'drie]
proud (adj)	mândru	['mɨndru]
to be proud	a se mândri	[a se mɨn'dri]

| winner | învingător (m) | [ɨnvingə'tor] |
| to win (vi) | a învinge | [a ɨn'vindʒe] |

to lose (not win)	a pierde	[a 'pjerde]
try	încercare (f)	[ɨntʃer'kare]
to try (vi)	a se strădui	[a se strədu'i]
chance (opportunity)	șansă (f)	['ʃansə]

67. Quarrels. Negative emotions

English	Romanian	Pronunciation
shout (scream)	strigăt (n)	['strigət]
to shout (vi)	a striga	[a stri'ga]
to start to cry out	a striga	[a stri'ga]
quarrel	ceartă (f)	['tʃartə]
to quarrel (vi)	a se certa	[a se tʃer'ta]
fight (squabble)	scandal (n)	[skan'dal]
to make a scene	a face scandal	[a 'fatʃe skan'dal]
conflict	conflict (n)	[kon'flikt]
misunderstanding	neînțelegere (f)	[neintse'ledʒere]
insult	insultă (f)	[in'sultə]
to insult (vt)	a insulta	[a insul'ta]
insulted (adj)	ofensat	[ofen'sat]
resentment	jignire (f)	[ʒig'nire]
to offend (vt)	a jigni	[a ʒig'ni]
to take offence	a se supăra	[a se supə'ra]
indignation	indignare (f)	[indig'nare]
to be indignant	a se indigna	[a se indig'na]
complaint	plângere (f)	['plindʒere]
to complain (vi, vt)	a se plânge	[a se 'plindʒe]
apology	scuză (f)	['skuzə]
to apologize (vi)	a cere scuze	[a 'tʃere 'skuze]
to beg pardon	a cere iertare	[a 'tʃere er'tare]
criticism	critică (f)	['kritikə]
to criticize (vt)	a critica	[a kriti'ka]
accusation (charge)	învinuire (f)	[invinu'ire]
to accuse (vt)	a învinui	[a invinu'i]
revenge	răzbunare (f)	[rəzbu'nare]
to avenge (get revenge)	a răzbuna	[a rəzbu'na]
to pay back	a se revanşa	[a se revan'ʃa]
disdain	dispreț (n)	[dis'prets]
to despise (vt)	a disprețui	[a dispretsu'i]
hatred, hate	ură (f)	['urə]
to hate (vt)	a urî	[a u'rɨ]
nervous (adj)	nervos	[ner'vos]
to be nervous	a se enerva	[a se ener'va]
angry (mad)	supărat	[supə'rat]
to make angry	a supăra	[a supə'ra]
humiliation	umilire (f)	[umi'lire]
to humiliate (vt)	a umili	[a umi'li]
to humiliate oneself	a se umili	[a se umi'li]
shock	şoc (n)	[ʃok]
to shock (vt)	a şoca	[a ʃo'ka]
trouble (e.g. serious ~)	neplăcere (f)	[neplə'tʃere]

unpleasant (adj)	neplăcut	[neplə'kut]
fear (dread)	frică (f)	['frikə]
terrible (storm, heat)	năprasnic	[nə'prasnik]
scary (e.g. ~ story)	de groază	[de gro'azə]
horror	groază (f)	[gro'azə]
awful (crime, news)	înspăimântător	[ɨnspəjmɨntə'tor]
to cry (weep)	a plânge	[a 'plɨndʒe]
to start crying	a plânge	[a 'plɨndʒe]
tear	lacrimă (f)	['lakrimə]
fault	greşeală (f)	[gre'ʃalə]
guilt (feeling)	vină (f)	['vinə]
dishonor (disgrace)	ruşine (f)	[ru'ʃine]
protest	protest (n)	[pro'test]
stress	stres (n)	[stres]
to disturb (vt)	a deranja	[a deran'ʒa]
to be furious	a se supăra	[a se supə'ra]
angry (adj)	supărat	[supə'rat]
to end (~ a relationship)	a pune capăt	[a 'pune 'kapət]
to swear (at sb)	a se sfădi	[a se sfə'di]
to scare (become afraid)	a se speria	[a se speri'ja]
to hit (strike with hand)	a lovi	[a lo'vi]
to fight (street fight, etc.)	a se bate	[a se 'bate]
to settle (a conflict)	a aplana	[a apla'na]
discontented (adj)	nemulţumit	[nemultsu'mit]
furious (adj)	furios	[furi'os]
It's not good!	Nu e bine!	[nu e 'bine]
It's bad!	E rău!	[e rəu]

Medicine

68. Diseases

illness	boală (f)	[bo'alə]
to be ill	a fi bolnav	[a fi bol'nav]
health	sănătate (f)	[sənə'tate]

runny nose (coryza)	guturai (n)	[gutu'raj]
tonsillitis	anghină (f)	[a'ŋginə]
cold (illness)	răceală (f)	[rə'tʃalə]
to catch a cold	a răci	[a rə'tʃi]

bronchitis	bronşită (f)	[bron'ʃitə]
pneumonia	pneumonie (f)	[pneumo'nie]
flu, influenza	gripă (f)	['gripə]

shortsighted (adj)	miop	[mi'op]
longsighted (adj)	prezbit	[prez'bit]
strabismus (crossed eyes)	strabism (n)	[stra'bism]
squint-eyed (adj)	saşiu	[sa'ʃiu]
cataract	cataractă (f)	[kata'raktə]
glaucoma	glaucom (n)	[glau'kom]

stroke	congestie (f)	[kon'dʒestie]
heart attack	infarct (n)	[in'farkt]
myocardial infarction	infarct (n) miocardic	[in'farkt mio'kardik]
paralysis	paralizie (f)	[parali'zie]
to paralyse (vt)	a paraliza	[a parali'za]

allergy	alergie (f)	[aler'dʒie]
asthma	astmă (f)	['astmə]
diabetes	diabet (n)	[dia'bet]

| toothache | durere (f) de dinţi | [du'rere de dintsʲ] |
| caries | carie (f) | ['karie] |

diarrhoea	diaree (f)	[dia'ree]
constipation	constipaţie (f)	[konsti'patsie]
stomach upset	deranjament (n) la stomac	[deranʒa'ment la sto'mak]
food poisoning	intoxicare (f)	[intoksi'kare]
to get food poisoning	a se intoxica	[a se intoksi'ka]

arthritis	artrită (f)	[ar'tritə]
rickets	rahitism (n)	[rahi'tism]
rheumatism	reumatism (n)	[reuma'tism]
atherosclerosis	ateroscleroză (f)	[arterioskle'rozə]

| gastritis | gastrită (f) | [gas'tritə] |
| appendicitis | apendicită (f) | [apendi'tʃitə] |

cholecystitis	colecistită (f)	[koletʃis'titə]
ulcer	ulcer (n)	[ul'tʃer]

measles	pojar	[po'ʒar]
rubella (German measles)	rubeolă (f)	[ruʒe'olə]
jaundice	icter (n)	['ikter]
hepatitis	hepatită (f)	[hepa'titə]

schizophrenia	schizofrenie (f)	[skizofre'nie]
rabies (hydrophobia)	turbare (f)	[tur'bare]
neurosis	nevroză (f)	[ne'vrozə]
concussion	comoție (f) cerebrală	[ko'motsie tʃerə'bralə]

cancer	cancer (n)	['kantʃer]
sclerosis	scleroză (f)	[skle'rozə]
multiple sclerosis	scleroză multiplă (f)	[skle'rozə mul'tiplə]

alcoholism	alcoolism (n)	[alkoo'lizm]
alcoholic (n)	alcoolic (m)	[alko'olik]
syphilis	sifilis (n)	['sifilis]
AIDS	SIDA (f)	['sida]

tumour	tumoare (f)	[tumo'are]
malignant (adj)	malignă	[ma'lignə]
benign (adj)	benignă	[be'nignə]

fever	friguri (n pl)	['friguri]
malaria	malarie (f)	[mala'rie]
gangrene	cangrenă (f)	[kan'grenə]
seasickness	rău (n) de mare	[rəu de 'mare]
epilepsy	epilepsie (f)	[epilep'sie]

epidemic	epidemie (f)	[epide'mie]
typhus	tifos (n)	['tifos]
tuberculosis	tuberculoză (f)	[tuberku'lozə]
cholera	holeră (f)	['holerə]
plague (bubonic ~)	ciumă (f)	['tʃiumə]

69. Symptoms. Treatments. Part 1

symptom	simptom (n)	[simp'tom]
temperature	temperatură (f)	[tempera'turə]
high temperature (fever)	febră (f)	['febrə]
pulse (heartbeat)	puls (n)	[puls]

dizziness (vertigo)	amețeală (f)	[ame'tsʲalə]
hot (adj)	fierbinte	[fier'binte]
shivering	frisoane (n pl)	[friso'ane]
pale (e.g. ~ face)	palid	['palid]

cough	tuse (f)	['tuse]
to cough (vi)	a tuși	[a tu'ʃi]
to sneeze (vi)	a strănuta	[a strənu'ta]
faint	leșin (n)	[le'ʃin]

to faint (vi)	a leșina	[a leʃi'na]
bruise (hématome)	vânătaie (f)	[vɨnə'tae]
bump (lump)	cucui (n)	[ku'kuj]
to bang (bump)	a se lovi	[a se lo'vi]
contusion (bruise)	contuzie (f)	[kon'tuzie]
to get a bruise	a se lovi	[a se lo'vi]

to limp (vi)	a șchiopăta	[a ʃkiopə'ta]
dislocation	luxație (f)	[luk'satsie]
to dislocate (vt)	a luxa	[a luk'sa]
fracture	fractură (f)	[frak'turə]
to have a fracture	a fractura	[a fraktu'ra]

cut (e.g. paper ~)	tăietură (f)	[təe'turə]
to cut oneself	a se tăia	[a se tə'ja]
bleeding	sângerare (f)	[sɨndʒe'rare]

| burn (injury) | arsură (f) | [ar'surə] |
| to get burned | a se frige | [a se 'fridʒe] |

to prick (vt)	a înțepa	[a intse'pa]
to prick oneself	a se înțepa	[a s intse'pa]
to injure (vt)	a se răni	[a se rə'ni]
injury	vătămare (f)	[vətə'mare]
wound	rană (f)	['ranə]
trauma	traumă (f)	['traumə]

to be delirious	a delira	[a deli'ra]
to stutter (vi)	a se bâlbâi	[a se bɨlbɨ'i]
sunstroke	insolație (f)	[inso'latsie]

70. Symptoms. Treatments. Part 2

| pain, ache | durere (f) | [du'rere] |
| splinter (in foot, etc.) | ghimpe (m) | ['gimpe] |

sweat (perspiration)	transpirație (f)	[transpi'ratsie]
to sweat (perspire)	a transpira	[a transpi'ra]
vomiting	vomă (f)	['vomə]
convulsions	convulsii (f pl)	[kon'vulsij]

pregnant (adj)	gravidă (f)	[gra'vidə]
to be born	a se naște	[a se 'naʃte]
delivery, labour	naștere (f)	['naʃtere]
to deliver (~ a baby)	a naște	[a 'naʃte]
abortion	avort (n)	[a'vort]

breathing, respiration	respirație (f)	[respi'ratsie]
in-breath (inhalation)	inspirație (f)	[inspi'ratsie]
out-breath (exhalation)	expirație (f)	[ekspi'ratsie]
to exhale (breathe out)	a expira	[a ekspi'ra]
to inhale (vi)	a inspira	[a inspi'ra]
disabled person	invalid (m)	[inva'lid]
cripple	infirm (m)	[in'firm]

drug addict	narcoman (m)	[narko'man]
deaf (adj)	surd	[surd]
mute (adj)	mut	[mut]
deaf mute (adj)	surdo-mut	[surdo'mut]
mad, insane (adj)	nebun	[ne'bun]
madman (demented person)	nebun (m)	[ne'bun]
madwoman	nebună (f)	[ne'bunə]
to go insane	a înnebuni	[a innebu'ni]
gene	genă (f)	['dʒenə]
immunity	imunitate (f)	[imuni'tate]
hereditary (adj)	ereditar	[eredi'tar]
congenital (adj)	congenital	[kondʒeni'tal]
virus	virus (m)	['virus]
microbe	microb (m)	[mi'krob]
bacterium	bacterie (f)	[bak'terie]
infection	infecție (f)	[in'fektsie]

71. Symptoms. Treatments. Part 3

hospital	spital (n)	[spi'tal]
patient	pacient (m)	[patʃi'ent]
diagnosis	diagnostic (n)	[diag'nostik]
cure	tratament (n)	[trata'ment]
to get treatment	a urma tratament	[a ur'ma trata'ment]
to treat (~ a patient)	a trata	[a tra'ta]
to nurse (look after)	a îngriji	[a ingri'ʒi]
care (nursing ~)	îngrijire (f)	[ingri'ʒire]
operation, surgery	operație (f)	[ope'ratsie]
to bandage (head, limb)	a pansa	[a pan'sa]
bandaging	pansare (f)	[pan'sare]
vaccination	vaccin (n)	[vak'tʃin]
to vaccinate (vt)	a vaccina	[a vaktʃi'na]
injection	injecție (f)	[in'ʒektsie]
to give an injection	a face injecție	[a 'fatʃe in'ʒektsie]
amputation	amputare (f)	[ampu'tare]
to amputate (vt)	a amputa	[a ampu'ta]
coma	comă (f)	['komə]
to be in a coma	a fi în comă	[a fi in 'komə]
intensive care	reanimare (f)	[reani'mare]
to recover (~ from flu)	a se vindeca	[a se vinde'ka]
condition (patient's ~)	stare (f)	['stare]
consciousness	conștiință (f)	[konʃti'intsə]
memory (faculty)	memorie (f)	[me'morie]
to pull out (tooth)	a extrage	[a eks'tradʒe]
filling	plombă (f)	['plombə]

T&P Books. Theme-based dictionary British English-Romanian - 7000 words

to fill (a tooth)	a plomba	[a plom'ba]
hypnosis	hipnoză (f)	[hip'nozə]
to hypnotize (vt)	a hipnotiza	[a hipnoti'za]

72. Doctors

doctor	medic (m)	['medik]
nurse	asistentă (f) medicală	[asis'tentə medi'kalə]
personal doctor	medic (m) personal	['medik perso'nal]
dentist	stomatolog (m)	[stomato'log]
optician	oculist (m)	[oku'list]
general practitioner	terapeut (m)	[terape'ut]
surgeon	chirurg (m)	[ki'rurg]
psychiatrist	psihiatru (m)	[psihi'atru]
paediatrician	pediatru (m)	[pedi'atru]
psychologist	psiholog (m)	[psiho'log]
gynaecologist	ginecolog (m)	[dʒineko'log]
cardiologist	cardiolog (m)	[kardio'log]

73. Medicine. Drugs. Accessories

medicine, drug	medicament (n)	[medika'ment]
remedy	remediu (n)	[re'medju]
prescription	rețetă (f)	[re'tsetə]

tablet, pill	pastilă (f)	[pas'tilə]
ointment	unguent (n)	[ungu'ent]
ampoule	fiolă (f)	[fi'olə]
mixture, solution	mixtură (f)	[miks'turə]
syrup	sirop (n)	[si'rop]
capsule	pilulă (f)	[pi'lulə]
powder	praf (n)	[praf]

gauze bandage	bandaj (n)	[ban'daʒ]
cotton wool	vată (f)	['vatə]
iodine	iod (n)	[jod]

plaster	leucoplast (n)	[leuko'plast]
eyedropper	pipetă (f)	[pi'petə]
thermometer	termometru (n)	[termo'metru]
syringe	seringă (f)	[se'ringə]

| wheelchair | cărucior (n) pentru invalizi | [kəru'tʃior 'pentru inva'lizʲ] |
| crutches | cârje (f pl) | ['kɨrʒe] |

painkiller	anestezic (n)	[anes'tezik]
laxative	laxativ (n)	[laksa'tiv]
spirits (ethanol)	spirt (n)	[spirt]
medicinal herbs	plante (f pl) medicinale	['plante meditʃi'nale]
herbal (~ tea)	din plante medicinale	[din 'plante meditʃi'nale]

74. Smoking. Tobacco products

tobacco	tutun (n)	[tu'tun]
cigarette	ţigară (f)	[tsi'ɡarə]
cigar	ţigară (f) de foi	[tsi'ɡarə de foj]
pipe	pipă (f)	['pipə]
packet (of cigarettes)	pachet (n)	[pa'ket]
matches	chibrituri (n pl)	[ki'briturʲ]
matchbox	cutie (f) de chibrituri	[ku'tie de ki'briturʲ]
lighter	brichetă (f)	[bri'ketə]
ashtray	scrumieră (f)	[skru'mjerə]
cigarette case	tabacheră (n)	[taba'kerə]
cigarette holder	muştiuc (n)	[muʃ'tjuk]
filter (cigarette tip)	filtru (n)	['filtru]
to smoke (vi, vt)	a fuma	[a fu'ma]
to light a cigarette	a începe să fumeze	[a in'tʃepe sə fu'meze]
smoking	fumat (n)	[fu'mat]
smoker	fumător (m)	[fumə'tor]
cigarette end	muc (n) de ţigară	[muk de tsi'ɡarə]
smoke, fumes	fum (n)	[fum]
ash	scrum (n)	[skrum]

T&P Books. Theme-based dictionary British English-Romanian - 7000 words

HUMAN HABITAT

City

75. City. Life in the city

city, town	oraş (n)	[o'raʃ]
capital city	capitală (f)	[kapi'talə]
village	sat (n)	[sat]

city map	planul (n) oraşului	['planul o'raʃuluj]
city centre	centrul (n) oraşului	['tʃentrul o'raʃuluj]
suburb	suburbie (f)	[subur'bie]
suburban (adj)	din suburbie	[din subur'bie]

outskirts	margine (f)	['mardʒine]
environs (suburbs)	împrejurimi (f pl)	[împreʒu'rimʲ]
city block	cartier (n)	[kar'tjer]
residential block (area)	cartier (n) locativ	[ka'rtjer loka'tiv]

traffic	circulaţie (f)	[tʃirku'latsie]
traffic lights	semafor (n)	[sema'for]
public transport	transport (n) urban	[trans'port ur'ban]
crossroads	intersecţie (f)	[inter'sektsie]

zebra crossing	trecere (f)	['tretʃere]
pedestrian subway	trecere (f) subterană	['tretʃere subte'ranə]
to cross (~ the street)	a traversa	[a traver'sa]
pedestrian	pieton (m)	[pie'ton]
pavement	trotuar (n)	[trotu'ar]

bridge	pod (n)	[pod]
embankment (river walk)	faleză (f)	[fa'lezə]
fountain	havuz (n)	[ha'vuz]

allée (garden walkway)	alee (f)	[a'lee]
park	parc (n)	[park]
boulevard	bulevard (n)	[bule'vard]
square	piaţă (f)	['pjatsə]
avenue (wide street)	prospect (n)	[pros'pekt]
street	stradă (f)	['stradə]
side street	stradelă (f)	[stra'delə]
dead end	fundătură (f)	[fundə'turə]

house	casă (f)	['kasə]
building	clădire (f)	[klə'dire]
skyscraper	zgârie-nori (m)	['zgɨrie norʲ]
facade	faţadă (f)	[fa'tsadə]
roof	acoperiş (n)	[akope'riʃ]

72

window	fereastră (f)	[fe'rʲastrə]
arch	arc (n)	[ark]
column	coloană (f)	[kolo'anə]
corner	colț (n)	[kolts]

shop window	vitrină (f)	[vi'trinə]
signboard (store sign, etc.)	firmă (f)	['firmə]
poster (e.g., playbill)	afiș (n)	[a'fiʃ]
advertising poster	afișaj (n)	[afi'ʃaʒ]
hoarding	panou (n) publicitar	[pa'nu publitʃi'tar]

rubbish	gunoi (n)	[gu'noj]
rubbish bin	coș (n) de gunoi	[koʃ de gu'noj]
to litter (vi)	a face murdărie	[a 'fatʃe murdə'rie]
rubbish dump	groapă (f) de gunoi	[gro'apə de gu'noj]

telephone box	cabină (f) telefonică	[ka'binə tele'fonikə]
lamppost	stâlp (m) de felinar	[stɨlp de feli'nar]
bench (park ~)	bancă (f)	['bankə]

police officer	polițist (m)	[poli'tsist]
police	poliție (f)	[po'litsie]
beggar	cerșetor (m)	[tʃerʃe'tor]
homeless (n)	vagabond (m)	[vaga'bond]

76. Urban institutions

shop	magazin (n)	[maga'zin]
chemist, pharmacy	farmacie (f)	[farma'tʃie]
optician (spectacles shop)	optică (f)	['optikə]
shopping centre	centru (n) comercial	['tʃentru komertʃi'al]
supermarket	supermarket (n)	[super'market]

bakery	brutărie (f)	[brutə'rie]
baker	brutar (m)	[bru'tar]
cake shop	cofetărie (f)	[kofetə'rie]
grocery shop	băcănie (f)	[bəkə'nie]
butcher shop	hală (f) de carne	['halə de 'karne]

| greengrocer | magazin (m) de legume | [maga'zin de le'gume] |
| market | piață (f) | ['pjatsə] |

coffee bar	cafenea (f)	[kafe'nʲa]
restaurant	restaurant (n)	[restau'rant]
pub, bar	berărie (f)	[berə'rie]
pizzeria	pizzerie (f)	[pitse'rie]

hairdresser	frizerie (f)	[frize'rie]
post office	poștă (f)	['poʃtə]
dry cleaners	curățătorie (f) chimică	[kurətsəto'rie 'kimikə]
photo studio	atelier (n) foto	[ate'ljer 'foto]

| shoe shop | magazin (n) de încălțăminte | [maga'zin de ɨnkəltsə'minte] |
| bookshop | librărie (f) | [librə'rie] |

sports shop	magazin (n) sportiv	[maga'zin spor'tiv]
clothes repair shop	croitorie (f)	[kroito'rie]
formal wear hire	închiriere (f) de haine	[inki'rjere de 'hajne]
video rental shop	închiriere (f) de filme	[inki'rjere de 'filme]
circus	circ (n)	[tʃirk]
zoo	grădină (f) zoologică	[grə'dinə zoo'lodʒikə]
cinema	cinematograf (n)	[tʃinemato'graf]
museum	muzeu (n)	[mu'zeu]
library	bibliotecă (f)	[biblio'tekə]
theatre	teatru (n)	[te'atru]
opera (opera house)	operă (f)	['operə]
nightclub	club (n) de noapte	['klub de no'apte]
casino	cazinou (n)	[kazi'nou]
mosque	moschee (f)	[mos'kee]
synagogue	sinagogă (f)	[sina'gogə]
cathedral	catedrală (f)	[kate'dralə]
temple	templu (n)	['templu]
church	biserică (f)	[bi'serikə]
college	institut (n)	[insti'tut]
university	universitate (f)	[universi'tate]
school	şcoală (f)	[ʃko'alə]
prefecture	prefectură (f)	[prefek'turə]
town hall	primărie (f)	[primə'rie]
hotel	hotel (n)	[ho'tel]
bank	bancă (f)	['bankə]
embassy	ambasadă (f)	[amba'sadə]
travel agency	agenţie (f) de turism	[adʒen'tsie de tu'rism]
information office	birou (n) de informaţii	[bi'rou de infor'matsij]
currency exchange	schimb (n) valutar	[skimb valu'tar]
underground, tube	metrou (n)	[me'trou]
hospital	spital (n)	[spi'tal]
petrol station	benzinărie (f)	[benzinə'rie]
car park	parcare (f)	[par'kare]

77. Urban transport

bus, coach	autobuz (n)	[auto'buz]
tram	tramvai (n)	[tram'vaj]
trolleybus	troleibuz (n)	[trolej'buz]
route (of bus, etc.)	rută (f)	['rutə]
number (e.g. bus ~)	număr (n)	['numər]
to go by ...	a merge cu ...	[a 'merdʒe ku]
to get on (~ the bus)	a se urca	[a se ur'ka]
to get off ...	a coborî	[a kobo'rɨ]
stop (e.g. bus ~)	staţie (f)	['statsie]

next stop	stația (f) următoare	['statsija urmətoʻare]
terminus	ultima stație (f)	['ultima 'statsie]
timetable	orar (n)	[o'rar]
to wait (vt)	a aștepta	[a aʃtep'ta]
ticket	bilet (n)	[bi'let]
fare	costul (n) biletului	['kostul bi'letuluj]
cashier (ticket seller)	casier (m)	[ka'sjer]
ticket inspection	control (n)	[kon'trol]
ticket inspector	controlor (m)	[kontro'lor]
to be late (for ...)	a întârzia	[a intir'zija]
to miss (~ the train, etc.)	a pierde ...	[a 'pjerdə]
to be in a hurry	a se grăbi	[a se grə'bi]
taxi, cab	taxi (n)	[ta'ksi]
taxi driver	taximetrist (m)	[taksime'trist]
by taxi	cu taxiul	[ku ta'ksjul]
taxi rank	stație (f) de taxiuri	['statsie de ta'ksjurʲ]
to call a taxi	a chema un taxi	[a ke'ma un ta'ksi]
to take a taxi	a lua un taxi	[a lu'a un ta'ksi]
traffic	circulație (f) pe stradă	[ʧirku'latsie pe 'stradə]
traffic jam	ambuteiaj (n)	[ambute'jaʒ]
rush hour	oră (f) de vârf	[orə de virf]
to park (vi)	a se parca	[a se par'ka]
to park (vt)	a parca	[a par'ka]
car park	parcare (f)	[par'kare]
underground, tube	metrou (n)	[me'trou]
station	stație (f)	['statsie]
to take the tube	a merge cu metroul	[a 'merdʒe ku me'troul]
train	tren (n)	[tren]
train station	gară (f)	['garə]

78. Sightseeing

monument	monument (n)	[monu'ment]
fortress	cetate (f)	[ʧe'tate]
palace	palat (n)	[pa'lat]
castle	castel (n)	[kas'tel]
tower	turn (n)	[turn]
mausoleum	mausoleu (n)	[mawzo'leu]
architecture	arhitectură (f)	[arhitek'turə]
medieval (adj)	medieval	[medie'val]
ancient (adj)	vechi	[vekʲ]
national (adj)	național	[natsio'nal]
famous (monument, etc.)	cunoscut	[kunos'kut]
tourist	turist (m)	[tu'rist]
guide (person)	ghid (m)	[gid]
excursion, sightseeing tour	excursie (f)	[eks'kursie]

| to show (vt) | a arăta | [a arə'ta] |
| to tell (vt) | a povesti | [a poves'ti] |

to find (vt)	a găsi	[a gə'si]
to get lost (lose one's way)	a se pierde	[a se 'pjerde]
map (e.g. underground ~)	schemă (f)	['skemə]
map (e.g. city ~)	plan (m)	[plan]

souvenir, gift	suvenir (n)	[suve'nir]
gift shop	magazin (n) de suveniruri	[maga'zin de suve'nirurʲ]
to take pictures	a fotografia	[a fotografi'ja]
to have one's picture taken	a se fotografia	[a se fotografi'ja]

79. Shopping

to buy (purchase)	a cumpăra	[a kumpə'ra]
shopping	cumpărătură (f)	[kumpərə'turə]
to go shopping	a face cumpărături	[a 'fatʃe kumpərə'turʲ]
shopping	shopping (n)	['ʃoping]

| to be open (ab. shop) | a fi deschis | [a fi des'kis] |
| to be closed | a se închide | [a se ɨn'kide] |

footwear, shoes	încălțăminte (f)	[ɨnkəltsə'minte]
clothes, clothing	haine (f pl)	['hajne]
cosmetics	cosmetică (f)	[kos'metikə]
food products	produse (n pl)	[pro'duse]
gift, present	cadou (n)	[ka'dou]

| shop assistant (masc.) | vânzător (m) | [vɨnzə'tor] |
| shop assistant (fem.) | vânzătoare (f) | [vɨnzəto'are] |

cash desk	casă (f)	['kasə]
mirror	oglindă (f)	[og'lində]
counter (shop ~)	tejghea (f)	[teʒ'gʲa]
fitting room	cabină (f) de probă	[ka'binə de 'probə]

to try on	a proba	[a pro'ba]
to fit (ab. dress, etc.)	a veni	[a ve'ni]
to fancy (vt)	a plăcea	[a plə'tʃa]

price	preț (n)	[prets]
price tag	indicator (n) de prețuri	[indika'tor de 'pretsurʲ]
to cost (vt)	a costa	[a kos'ta]
How much?	Cât?	[kɨt]
discount	reducere (f)	[re'dutʃere]

inexpensive (adj)	ieftin	['jeftin]
cheap (adj)	ieftin	['jeftin]
expensive (adj)	scump	[skump]
It's expensive	E scump	[e skump]

| hire (n) | închiriere (f) | [ɨnkiri'ere] |
| to hire (~ a dinner jacket) | a lua în chirie | [a lu'a ɨn ki'rie] |

| credit (trade credit) | credit (n) | ['kredit] |
| on credit (adv) | în credit | [ɨn 'kredit] |

80. Money

money	bani (m pl)	[banʲ]
currency exchange	schimb (n)	[skimb]
exchange rate	curs (n)	[kurs]
cashpoint	bancomat (n)	[banko'mat]
coin	monedă (f)	[mo'nedə]

| dollar | dolar (m) | [do'lar] |
| euro | euro (m) | ['euro] |

lira	liră (f)	['lirə]
Deutschmark	marcă (f)	['markə]
franc	franc (m)	[frank]
pound sterling	liră (f) sterlină	['lirə ster'linə]
yen	yen (f)	['jen]

debt	datorie (f)	[dato'rie]
debtor	datornic (m)	[da'tornik]
to lend (money)	a da cu împrumut	[a da ku impru'mut]
to borrow (vi, vt)	a lua cu împrumut	[a lu'a ku impru'mut]

bank	bancă (f)	['bankə]
account	cont (n)	[kont]
to deposit into the account	a pune în cont	[a 'pune ɨn 'kont]
to withdraw (vt)	a scoate din cont	[a sko'ate din kont]

credit card	carte (f) de credit	['karte de 'kredit]
cash	numerar (n)	[nume'rar]
cheque	cec (n)	[ʧek]
to write a cheque	a scrie un cec	[a 'skrie un ʧek]
chequebook	carte (f) de cecuri	['karte de 'ʧekurʲ]

wallet	portvizit (n)	[portvi'zit]
purse	portofel (n)	[porto'fel]
safe	seif (n)	['sejf]

heir	moştenitor (m)	[moʃteni'tor]
inheritance	moştenire (f)	[moʃte'nire]
fortune (wealth)	avere (f)	[a'vere]

lease	arendă (f)	[a'rendə]
rent (money)	chirie (f)	[ki'rie]
to rent (sth from sb)	a închiria	[a ɨnkiri'ja]

price	preţ (n)	[prets]
cost	valoare (f)	[valo'are]
sum	sumă (f)	['sumə]

| to spend (vt) | a cheltui | [a keltu'i] |
| expenses | cheltuieli (f pl) | [keltu'elʲ] |

| to economize (vi, vt) | a economisi | [a ekonomi'si] |
| economical | econom | [eko'nom] |

to pay (vi, vt)	a plăti	[a plə'ti]
payment	plată (f)	['platə]
change (give the ~)	rest (n)	[rest]

tax	impozit (n)	[im'pozit]
fine	amendă (f)	[a'mendə]
to fine (vt)	a amenda	[a amen'da]

81. Post. Postal service

post office	poştă (f)	['poʃtə]
post (letters, etc.)	corespondenţă (f)	[korespon'dentsə]
postman	poştaş (m)	[poʃ'taʃ]
opening hours	ore (f pl) de lucru	['ore de 'lukru]

letter	scrisoare (f)	[skriso'are]
registered letter	scrisoare (f) recomandată	[skriso'are rekoman'datə]
postcard	carte (f) poştală	['karte poʃ'talə]
telegram	telegramă (f)	[tele'gramə]
parcel	colet (n)	[ko'let]
money transfer	mandat (n) poştal	[man'dat poʃ'tal]

to receive (vt)	a primi	[a pri'mi]
to send (vt)	a expedia	[a ekspedi'ja]
sending	expediere (f)	[ekspe'djere]

address	adresă (f)	[a'dresə]
postcode	cod (n) poştal	[kod poʃ'tal]
sender	expeditor (m)	[ekspedi'tor]
receiver	destinatar (m)	[destina'tar]

| name (first name) | prenume (n) | [pre'nume] |
| surname (last name) | nume (n) | ['nume] |

postage rate	tarif (n)	[ta'rif]
standard (adj)	normal	[nor'mal]
economical (adj)	econom	[eko'nom]

weight	greutate (f)	[greu'tate]
to weigh (~ letters)	a cântări	[a kintə'ri]
envelope	plic (n)	[plik]
postage stamp	timbru (n)	['timbru]
to stamp an envelope	a lipi timbrul	[a li'pi 'timbrul]

Dwelling. House. Home

82. House. Dwelling

house	casă (f)	['kasə]
at home (adv)	acasă	[a'kasə]
yard	curte (f)	['kurte]
fence (iron ~)	gard (n)	[gard]
brick (n)	cărămidă (f)	[kərə'midə]
brick (as adj)	de, din cărămidă	[de, din kərə'midə]
stone (n)	piatră (f)	['pjatrə]
stone (as adj)	de, din piatră	[de, din 'pjatrə]
concrete (n)	beton (n)	[be'ton]
concrete (as adj)	de, din beton	[de, din be'ton]
new (new-built)	nou	['nou]
old (adj)	vechi	[vekʲ]
decrepit (house)	vechi	[vekʲ]
modern (adj)	contemporan	[kontempo'ran]
multistorey (adj)	cu multe etaje	[ku 'multe e'taʒe]
tall (~ building)	înalt	[ɨ'nalt]
floor, storey	etaj (n)	[e'taʒ]
single-storey (adj)	cu un singur etaj	[ku un 'singur e'taʒ]
ground floor	etajul (n) de jos	[e'taʒul de ʒos]
top floor	etajul (n) de sus	[e'taʒul de sus]
roof	acoperiş (n)	[akope'riʃ]
chimney	tub (n)	[tub]
roof tiles	ţiglă (f)	['tsiglə]
tiled (adj)	de, din ţiglă	[de, din 'tsiglə]
loft (attic)	mansardă (f)	[man'sardə]
window	fereastră (f)	[fe'rʲastrə]
glass	sticlă (f)	['stiklə]
window ledge	pervaz (n)	[per'vaz]
shutters	oblon (n) la fereastră	[o'blon la fe'rʲastrə]
wall	perete (m)	[pe'rete]
balcony	balcon (n)	[bal'kon]
downpipe	burlan (n)	[bur'lan]
upstairs (to be ~)	deasupra	[dʲa'supra]
to go upstairs	a urca	[a ur'ka]
to come down (the stairs)	a coborî	[a kobo'rɨ]
to move (to new premises)	a se muta	[a se mu'ta]

83. House. Entrance. Lift

entrance	intrare (f)	[in'trare]
stairs (stairway)	scară (f)	['skarə]
steps	trepte (f pl)	['trepte]
banisters	balustradă (f)	[balu'stradə]
lobby (hotel ~)	hol (n)	[hol]
postbox	cutie (f) poştală	[ku'tie poʃ'talə]
waste bin	ladă (f) de gunoi	['ladə de gu'noj]
refuse chute	conductă (f) de gunoi	[kon'duktə de gu'noj]
lift	lift (n)	[lift]
goods lift	ascensor (n) de marfă	[astʃen'sor de 'marfə]
lift cage	cabină (f)	[ka'binə]
to take the lift	a merge cu liftul	[a 'merdʒe ku 'liftul]
flat	apartament (n)	[aparta'ment]
residents (~ of a building)	locatari (m pl)	[loka'tarʲ]
neighbour (masc.)	vecin (m)	[ve'tʃin]
neighbour (fem.)	vecină (f)	[ve'tʃinə]
neighbours	vecini (m pl)	[ve'tʃinʲ]

84. House. Doors. Locks

door	uşă (f)	['uʃə]
gate (vehicle ~)	poartă (f)	[po'artə]
handle, doorknob	clanţă (f)	['klantsə]
to unlock (unbolt)	a descuia	[a desku'ja]
to open (vt)	a deschide	[a des'kide]
to close (vt)	a închide	[a i'nkide]
key	cheie (f)	['kee]
bunch (of keys)	legătură (f) de chei	[ləgə'turə de 'kej]
to creak (door, etc.)	a scârţâi	[a skɨrtsɨ'i]
creak	scârţâit (n)	[skɨrtsɨ'it]
hinge (door ~)	balama (f)	[bala'ma]
doormat	covoraş (n)	[kovo'raʃ]
door lock	încuietoare (f)	[ɨnkueto'are]
keyhole	gaura (f) cheii	['gaura 'kejj]
crossbar (sliding bar)	zăvor (n)	[zə'vor]
door latch	zăvor (n)	[zə'vor]
padlock	lacăt (n)	['lakət]
to ring (~ the door bell)	a suna	[a su'na]
ringing (sound)	sunet (n)	['sunet]
doorbell	sonerie (f)	[sone'rie]
doorbell button	buton (n)	[bu'ton]
knock (at the door)	bătaie (f)	[bə'tae]
to knock (vi)	a bate	[a 'bate]

code	cod (n)	[kod]
combination lock	lacăt (n) cu cod	['lakət ku kod]
intercom	interfon (n)	[inter'fon]
number (on the door)	număr (n)	['numər]
doorplate	placă (f)	['plakə]
peephole	vizor (f)	[vi'zor]

85. Country house

village	sat (n)	[sat]
vegetable garden	grădină (f) de zarzavat	[grə'dinə de zarza'vat]
fence	gard (n)	[gard]
picket fence	îngrăditură (f)	[ingrədi'turə]
wicket gate	portiță (f)	[por'titsə]

granary	hambar (n)	[ham'bar]
cellar	beci (n)	[betʃi]
shed (garden ~)	magazie (f)	[maga'zie]
water well	fântână (f)	[fin'tinə]

stove (wood-fired ~)	sobă (f)	['sobə]
to stoke the stove	a face focul	[a 'fatʃe 'fokul]
firewood	lemne (n pl)	['lemne]
log (firewood)	bucată (f) de lemn	[bu'katə de lemn]

veranda	verandă (f)	[ve'randə]
deck (terrace)	terasă (f)	[te'rasə]
stoop (front steps)	verandă (f)	[ve'randə]
swing (hanging seat)	scrânciob (n)	['skrintʃiob]

86. Castle. Palace

castle	castel (n)	[kas'tel]
palace	palat (n)	[pa'lat]
fortress	cetate (f)	[tʃe'tate]

wall (round castle)	zid (n)	[zid]
tower	turn (n)	[turn]
keep, donjon	turnul (n) principal	['turnul printʃi'pal]

portcullis	porți (f pl) rulante	['portsi ru'lante]
subterranean passage	subsol (n)	[sub'sol]
moat	șanț (n)	[ʃants]

| chain | lanț (n) | [lants] |
| arrow loop | meterez (n) | [mete'rez] |

| magnificent (adj) | măreț | [mə'rets] |
| majestic (adj) | maiestuos | [maestu'os] |

| impregnable (adj) | de necucerit | [de nekutʃe'rit] |
| medieval (adj) | medieval | [medie'val] |

87. Flat

flat	apartament (n)	[aparta'ment]
room	cameră (f)	['kamerə]
bedroom	dormitor (n)	[dormi'tor]
dining room	sufragerie (f)	[sufradʒe'rie]
living room	salon (n)	[sa'lon]
study (home office)	cabinet (n)	[kabi'net]
entry room	antreu (n)	[an'treu]
bathroom	baie (f)	['bae]
water closet	toaletă (f)	[toa'letə]
ceiling	pod (n)	[pod]
floor	podea (f)	[po'dʲa]
corner	colţ (n)	[kolts]

88. Flat. Cleaning

to clean (vi, vt)	a face ordine	[a 'fatʃe 'ordine]
to put away (to stow)	a strânge	[a 'strindʒe]
dust	praf (n)	[praf]
dusty (adj)	prăfuit	[prəfu'it]
to dust (vt)	a şterge praful	[a 'ʃterdʒe 'praful]
vacuum cleaner	aspirator (n)	[aspira'tor]
to vacuum (vt)	a da cu aspiratorul	[a da ku aspira'torul]
to sweep (vi, vt)	a mătura	[a mətu'ra]
sweepings	gunoi (n)	[gu'noj]
order	ordine (f)	['ordine]
disorder, mess	dezordine (f)	[de'zordine]
mop	teu (n)	['teu]
duster	cârpă (f)	['kɨrpə]
short broom	mătură (f)	['məturə]
dustpan	făraş (n)	[fə'raʃ]

89. Furniture. Interior

furniture	mobilă (f)	['mobilə]
table	masă (f)	['masə]
chair	scaun (n)	['skaun]
bed	pat (n)	[pat]
sofa, settee	divan (n)	[di'van]
armchair	fotoliu (n)	[fo'tolju]
bookcase	dulap (n) de cărţi	[du'lap de kərts]
shelf	raft (n)	[raft]
wardrobe	dulap (n) de haine	[du'lap de 'hajne]
coat rack (wall-mounted ~)	cuier (n) perete	[ku'jer pe'rete]

coat stand	cuier (n) pom	[ku'jer pom]
chest of drawers	comodă (f)	[ko'modə]
coffee table	măsuță (f)	[mə'sutsə]
mirror	oglindă (f)	[og'lində]
carpet	covor (n)	[ko'vor]
small carpet	carpetă (f)	[kar'petə]
fireplace	şemineu (n)	[ʃəmi'neu]
candle	lumânare (f)	[lumɨ'nare]
candlestick	sfeşnic (n)	['sfeʃnik]
drapes	draperii (f pl)	[drape'rij]
wallpaper	tapet (n)	[ta'pet]
blinds (jalousie)	jaluzele (f pl)	[ʒalu'zele]
table lamp	lampă (f) de birou	['lampə de bi'rou]
wall lamp (sconce)	lampă (f)	['lampə]
standard lamp	lampă (f) cu picior	['lampə ku pi'tʃior]
chandelier	lustră (f)	['lustrə]
leg (of chair, table)	picior (n)	[pi'tʃior]
armrest	braț (n) la fotoliu	['brats la fo'tolju]
back (backrest)	spătar (n)	[spə'tar]
drawer	sertar (n)	[ser'tar]

90. Bedding

bedclothes	lenjerie (f)	[lenʒe'rie]
pillow	pernă (f)	['pernə]
pillowslip	față (f) de pernă	['fatsə de 'pernə]
duvet	plapumă (f)	['plapumə]
sheet	cearşaf (n)	[tʃar'ʃaf]
bedspread	pătură (f)	[pəturə]

91. Kitchen

kitchen	bucătărie (f)	[bukətə'rie]
gas	gaz (n)	[gaz]
gas cooker	aragaz (n)	[ara'gaz]
electric cooker	plită (f) electrică	['plitə e'lektrikə]
oven	cuptor (n)	[kup'tor]
microwave oven	cuptor (n) cu microunde	[kup'tor ku mikro'unde]
refrigerator	frigider (n)	[fridʒi'der]
freezer	congelator (n)	[kondʒela'tor]
dishwasher	maşină (f) de spălat vase	[ma'ʃinə de spə'lat 'vase]
mincer	maşină (f) de tocat carne	[ma'ʃinə de to'kat 'karne]
juicer	storcător (n)	[storkə'tor]
toaster	prăjitor (n) de pâine	[prəʒi'tor de 'pɨne]
mixer	mixer (n)	['mikser]

coffee machine	fierbător (n) de cafea	[fierbə'tor de ka'fʲa]
coffee pot	ibric (n)	[i'brik]
coffee grinder	râşniţă (f) de cafea	['riʃnitsə de ka'fʲa]
kettle	ceainic (n)	['tʃajnik]
teapot	ceainic (n)	['tʃajnik]
lid	capac (n)	[ka'pak]
tea strainer	strecurătoare (f)	[strekurəto'are]
spoon	lingură (f)	['lingurə]
teaspoon	linguriţă (f) de ceai	[lingu'ritsə de tʃaj]
soup spoon	lingură (f)	['lingurə]
fork	furculiţă (f)	[furku'litsə]
knife	cuţit (n)	[ku'tsit]
tableware (dishes)	vase (n pl)	['vase]
plate (dinner ~)	farfurie (f)	[farfu'rie]
saucer	farfurioară (f)	[farfurio'arə]
shot glass	păhărel (n)	[pəhə'rel]
glass (tumbler)	pahar (n)	[pa'har]
cup	ceaşcă (f)	['tʃaʃkə]
sugar bowl	zaharniţă (f)	[za'harnitsə]
salt cellar	solniţă (f)	['solnitsə]
pepper pot	piperniţă (f)	[pi'pernitsə]
butter dish	untieră (f)	[un'tjerə]
stock pot (soup pot)	cratiţă (f)	['kratitsə]
frying pan (skillet)	tigaie (f)	[ti'gae]
ladle	polonic (n)	[polo'nik]
colander	strecurătoare (f)	[strekurəto'are]
tray (serving ~)	tavă (f)	['tavə]
bottle	sticlă (f)	['stiklə]
jar (glass)	borcan (n)	[bor'kan]
tin (can)	cutie (f)	[ku'tie]
bottle opener	deschizător (n) de sticle	[deskizə'tor de 'stikle]
tin opener	deschizător (n) de conserve	[deskizə'tor de kon'serve]
corkscrew	tirbuşon (n)	[tirbu'ʃon]
filter	filtru (n)	['filtru]
to filter (vt)	a filtra	[a fil'tra]
waste (food ~, etc.)	gunoi (n)	[gu'noj]
waste bin (kitchen ~)	coş (n) de gunoi	[koʃ de gu'noj]

92. Bathroom

bathroom	baie (f)	['bae]
water	apă (f)	['apə]
tap	robinet (n)	[robi'net]
hot water	apă (f) fierbinte	['apə fjer'binte]
cold water	apă (f) rece	['apə 'retʃe]

toothpaste	pastă (f) de dinți	['pastə de dintsʲ]
to clean one's teeth	a se spăla pe dinți	[a se spə'la pe dintsʲ]
to shave (vi)	a se bărbieri	[a se bərbie'ri]
shaving foam	spumă (f) de ras	['spumə de 'ras]
razor	brici (n)	['britʃi]
to wash (one's hands, etc.)	a spăla	[a spə'la]
to have a bath	a se spăla	[a se spə'la]
shower	duș (n)	[duʃ]
to have a shower	a face duș	[a 'fatʃe duʃ]
bath	cadă (f)	['kadə]
toilet (toilet bowl)	closet (n)	[klo'set]
sink (washbasin)	chiuvetă (f)	[kju'vetə]
soap	săpun (n)	[sə'pun]
soap dish	săpunieră (f)	[səpu'njerə]
sponge	burete (n)	[bu'rete]
shampoo	șampon (n)	[ʃam'pon]
towel	prosop (n)	[pro'sop]
bathrobe	halat (n)	[ha'lat]
laundry (laundering)	spălat (n)	[spə'lat]
washing machine	mașină (f) de spălat	[ma'ʃinə de spə'lat]
to do the laundry	a spăla haine	[a spə'la 'hajne]
washing powder	detergent (n)	[deter'dʒent]

93. Household appliances

TV, telly	televizor (n)	[televi'zor]
tape recorder	casetofon (n)	[kaseto'fon]
video	videomagnetofon (n)	[videomagneto'fon]
radio	aparat (n) de radio	[apa'rat de 'radio]
player (CD, MP3, etc.)	CD player (n)	[si'di 'pleer]
video projector	proiector (n) video	[proek'tor 'video]
home cinema	sistem (n) home cinema	[sis'tem 'houm 'sinema]
DVD player	DVD-player (n)	[divi'di 'pleer]
amplifier	amplificator (n)	[amplifi'kator]
video game console	consolă (f) de jocuri	[kon'solə de 'ʒokurʲ]
video camera	cameră (f) video	['kamerə 'video]
camera (photo)	aparat (n) foto	[apa'rat 'foto]
digital camera	aparat (n) foto digital	[apa'rat 'foto didʒi'tal]
vacuum cleaner	aspirator (n)	[aspira'tor]
iron (e.g. steam ~)	fier (n) de călcat	[fier de kəl'kat]
ironing board	masă (f) de călcat	['masə de kəl'kat]
telephone	telefon (n)	[tele'fon]
mobile phone	telefon (n) mobil	[tele'fon mo'bil]
typewriter	mașină (f) de scris	[ma'ʃinə de skris]

sewing machine	maşină (f) de cusut	[ma'ʃine de ku'sut]
microphone	microfon (n)	[mikro'fon]
headphones	căşti (f pl)	[kəʃtʲ]
remote control (TV)	telecomandă (f)	[teleko'mandə]
CD, compact disc	CD (n)	[si'di]
cassette, tape	casetă (f)	[ka'setə]
vinyl record	placă (f)	['plakə]

94. Repairs. Renovation

renovations	reparaţie (f)	[repa'ratsie]
to renovate (vt)	a face reparaţie	[a 'fatʃe repa'ratsie]
to repair, to fix (vt)	a repara	[a repa'ra]
to put in order	a pune în ordine	[a 'pune in 'ordine]
to redo (do again)	a reface	[a re'fatʃe]
paint	vopsea (f)	[vop'sʲa]
to paint (~ a wall)	a vopsi	[a vop'si]
house painter	zugrav (m)	[zu'grav]
paintbrush	pensulă (f)	['pensulə]
whitewash	var (n)	[var]
to whitewash (vt)	a vărui	[a vəru'i]
wallpaper	tapet (n)	[ta'pet]
to wallpaper (vt)	a tapeta	[a tape'ta]
varnish	lac (n)	[lak]
to varnish (vt)	a lăcui	[a ləku'i]

95. Plumbing

water	apă (f)	['apə]
hot water	apă (f) fierbinte	['apə fjer'binte]
cold water	apă (f) rece	['apə 'retʃe]
tap	robinet (n)	[robi'net]
drop (of water)	picătură (f)	[pikə'turə]
to drip (vi)	a picura	[a piku'ra]
to leak (ab. pipe)	a curge	[a 'kurdʒe]
leak (pipe ~)	scurgere (f)	['skurdʒere]
puddle	baltă (f)	['baltə]
pipe	ţeavă (f)	['tsʲavə]
valve (e.g., ball ~)	ventil (n)	[ven'til]
to be clogged up	a se înfunda	[a se infun'da]
tools	instrumente (n pl)	[instru'mente]
adjustable spanner	cheie (f) reglabilă	['kee re'glabilə]
to unscrew (lid, filter, etc.)	a deşuruba	[a deʃuru'ba]
to screw (tighten)	a înşuruba	[a inʃuru'ba]
to unclog (vt)	a curăţa	[a kurə'tsa]

plumber	instalator (m)	[instala'tor]
basement	subsol (n)	[sub'sol]
sewerage (system)	canalizare (f)	[kanali'zare]

96. Fire. Conflagration

fire (accident)	foc (n)	[fok]
flame	flacără (f)	['flakərə]
spark	scânteie (f)	[skɨn'tee]
smoke (from fire)	fum (n)	[fum]
torch (flaming stick)	făclie (f)	[fək'lie]
campfire	foc (n)	[fok]

petrol	benzină (f)	[ben'zinə]
paraffin	petrol (n)	[pe'trol]
flammable (adj)	inflamabil	[infla'mabil]
explosive (adj)	explozibil	[eksplo'zibil]
NO SMOKING	NU FUMAȚI!	[nu fu'mats]

safety	siguranță (f)	[sigu'rantsə]
danger	pericol (n)	[pe'rikol]
dangerous (adj)	periculos	[periku'los]

to catch fire	a lua foc	[a lu'a 'fok]
explosion	explozie (f)	[eks'plozie]
to set fire	a incendia	[a intʃendi'a]
arsonist	incendiator (m)	[intʃendia'tor]
arson	incendiere (f)	[intʃen'djere]

to blaze (vi)	a arde cu flăcări mari	[a 'arde ku flǝkǝ'ri 'marʲ]
to burn (be on fire)	a arde	[a 'arde]
to burn down	a arde din temelie	[a 'arde din teme'lie]

firefighter, fireman	pompier (m)	[pom'pjer]
fire engine	mașină (f) de pompieri	[ma'ʃinə de pom'pjerʲ]
fire brigade	echipă (f) de pompieri	[ekipə de pom'pjerʲ]
fire engine ladder	scară (f) de incendiu	['skarə de in'tʃendju]

fire hose	furtun (n)	[fur'tun]
fire extinguisher	stingător (n)	[stingə'tor]
helmet	cască (f)	['kaskə]
siren	sirenă (f)	[si'renə]

to cry (for help)	a striga	[a stri'ga]
to call for help	a chema în ajutor	[a ke'ma ɨn aʒu'tor]
rescuer	salvator (m)	[salva'tor]
to rescue (vt)	a salva	[a sal'va]

to arrive (vi)	a veni	[a ve'ni]
to extinguish (vt)	a stinge	[a 'stindʒe]
water	apă (f)	['apə]
sand	nisip (n)	[ni'sip]
ruins (destruction)	ruine (f pl)	[ru'ine]
to collapse (building, etc.)	a se prăbuși	[a se prəbu'ʃi]

| to fall down (vi) | a se dărâma | [a se dəri'ma] |
| to cave in (ceiling, floor) | a se surpa | [a se sur'pa] |

| piece of debris | dărâmătură (f) | [dərəmə'turə] |
| ash | scrum (n) | [skrum] |

| to suffocate (die) | a se sufoca | [a se sufo'ka] |
| to be killed (perish) | a deceda | [a detʃe'da] |

HUMAN ACTIVITIES

Job. Business. Part 1

97. Banking

bank	bancă (f)	['bankə]
branch (of bank, etc.)	sucursală (f)	[sukur'salə]
consultant	consultant (m)	[konsul'tant]
manager (director)	director (m)	[di'rektor]
bank account	cont (n)	[kont]
account number	numărul (n) contului	['numərul 'kontuluj]
current account	cont (n) curent	[kont ku'rent]
deposit account	cont (n) de acumulare	[kont de akumu'lare]
to open an account	a deschide un cont	[a des'kide un kont]
to close the account	a închide contul	[a i'nkide 'kontul]
to deposit into the account	a pune în cont	[a 'pune in 'kont]
to withdraw (vt)	a extrage din cont	[a eks'tradʒe din kont]
deposit	depozit (n)	[de'pozit]
to make a deposit	a depune	[a de'pune]
wire transfer	transfer (n)	[trans'fer]
to wire, to transfer	a transfera	[a transfe'ra]
sum	sumă (f)	['sumə]
How much?	Cât?	[kɨt]
signature	semnătură (f)	[semnə'turə]
to sign (vt)	a semna	[a sem'na]
credit card	carte (f) de credit	['karte de 'kredit]
code (PIN code)	cod (n)	[kod]
credit card number	numărul (n) cărții de credit	['numərul kərtsij de 'kredit]
cashpoint	bancomat (n)	[banko'mat]
cheque	cec (n)	[tʃek]
to write a cheque	a scrie un cec	[a 'skrie un tʃek]
chequebook	carte (f) de cecuri	['karte de 'tʃekurʲ]
loan (bank ~)	credit (n)	['kredit]
to apply for a loan	a solicita un credit	[a solitʃi'ta pe 'kredit]
to get a loan	a lua un credit	[a lu'a pe 'kredit]
to give a loan	a acorda credit	[a akor'da 'kredit]
guarantee	garanție (f)	[garan'tsie]

98. Telephone. Phone conversation

telephone	telefon (n)	[tele'fon]
mobile phone	telefon (n) mobil	[tele'fon mo'bil]
answerphone	răspuns (n) automat	[rəs'puns auto'mat]

to call (by phone)	a suna, a telefona	[a su'na], [a tele'fona]
call, ring	apel (n), convorbire (f)	[a'pel], [konvor'bire]

to dial a number	a forma un număr	[a for'ma un 'numər]
Hello!	Alo!	[a'lo]
to ask (vt)	a întreba	[a intre'ba]
to answer (vi, vt)	a răspunde	[a rəs'punde]

to hear (vt)	a auzi	[a au'zi]
well (adv)	bine	['bine]
not well (adv)	rău	['rəu]
noises (interference)	bruiaj (n)	[bru'jaʒ]

receiver	receptor (n)	[retʃep'tor]
to pick up (~ the phone)	a lua receptorul	[a lu'a retʃep'torul]
to hang up (~ the phone)	a pune receptorul	[a 'pune retʃep'torul]

busy (engaged)	ocupat	[oku'pat]
to ring (ab. phone)	a suna	[a su'na]
telephone book	carte (f) de telefon	['karte de tele'fon]

local (adj)	local	[lo'kal]
local call	apel (n) local	[a'pel lo'kal]
trunk (e.g. ~ call)	interurban	[interur'ban]
trunk call	apel (n) interurban	[a'pel interur'ban]
international (adj)	internațional	[internatsio'nal]
international call	apel (n) internațional	[a'pel internatsio'nal]

99. Mobile telephone

mobile phone	telefon (n) mobil	[tele'fon mo'bil]
display	ecran (n)	[e'kran]
button	buton (n)	[bu'ton]
SIM card	cartelă (f) SIM	[kar'telə 'sim]

battery	baterie (f)	[bate'rie]
to be flat (battery)	a se descărca	[a se deskər'ka]
charger	încărcător (m)	[inkərkə'tor]

menu	meniu (n)	[me'nju]
settings	setări (f)	[se'tərʲ]
tune (melody)	melodie (f)	[melo'die]
to select (vt)	a selecta	[a selek'ta]

calculator	calculator (n)	[kalkula'tor]
voice mail	răspuns (n) automat	[rəs'puns auto'mat]
alarm clock	ceas (n) deșteptător	[tʃas deʃteptə'tor]

contacts	carte (f) de telefoane	['karte de telefo'ane]
SMS (text message)	SMS (n)	[ese'mes]
subscriber	abonat (m)	[abo'nat]

100. Stationery

| ballpoint pen | stilou (n) | [sti'lou] |
| fountain pen | condei (n) | [kon'dej] |

pencil	creion (n)	[kre'jon]
highlighter	marcher (n)	['marker]
felt-tip pen	carioca (f)	[kari'okə]

| notepad | carnețel (n) | [karnə'tsəl] |
| diary | agendă (f) | [a'dʒendə] |

ruler	riglă (f)	['riglə]
calculator	calculator (f)	[kalkula'tor]
rubber	radieră (f)	[radi'erə]
drawing pin	piuneză (f)	[pju'nezə]
paper clip	clamă (f)	['klamə]

glue	lipici (n)	[li'pitʃi]
stapler	capsator (n)	[kapsa'tor]
hole punch	perforator (n)	[perfo'rator]
pencil sharpener	ascuțitoare (f)	[askutsito'are]

Job. Business. Part 2

101. Mass Media

newspaper	ziar (n)	[zjar]
magazine	revistă (f)	[re'vistə]
press (printed media)	presă (f)	['presə]
radio	radio (n)	['radio]
radio station	post (n) de radio	[post de 'radio]
television	televiziune (f)	[televizi'une]
presenter, host	prezentator (m)	[prezenta'tor]
newsreader	prezentator (m)	[prezenta'tor]
commentator	comentator (m)	[komenta'tor]
journalist	jurnalist (m)	[ʒurna'list]
correspondent (reporter)	corespondent (m)	[korespon'dent]
press photographer	foto-reporter (m)	['foto re'porter]
reporter	reporter (m)	[re'porter]
editor	redactor (m)	[re'daktor]
editor-in-chief	redactor-şef (m)	[re'daktor 'ʃef]
to subscribe (to ...)	a se abona	[a se abo'na]
subscription	abonare (f)	[abo'nare]
subscriber	abonat (m)	[abo'nat]
to read (vi, vt)	a citi	[a tʃi'ti]
reader	cititor (m)	[tʃiti'tor]
circulation (of newspaper)	tiraj (n)	[ti'raʒ]
monthly (adj)	lunar	[lu'nar]
weekly (adj)	săptămânal	[səptəmɨ'nal]
issue (edition)	număr (n)	['numər]
new (~ issue)	nou	['nou]
headline	titlu (n)	['titlu]
short article	notă (f)	['notə]
column (regular article)	rubrică (f)	['rubrikə]
article	articol (n)	[ar'tikol]
page	pagină (f)	['padʒinə]
reportage, report	reportaj (n)	[repor'taʒ]
event (happening)	eveniment (n)	[eveni'ment]
sensation (news)	senzaţie (f)	[sen'zatsie]
scandal	scandal (n)	[skan'dal]
scandalous (adj)	scandalos	[skanda'los]
great (~ scandal)	zgomotos	[zgomo'tos]
programme (e.g. cooking ~)	emisiune (f)	[emisi'une]
interview	interviu (n)	[inter'vju]

| live broadcast | în direct (m) | [ɨn di'rekt] |
| channel | post (n) | [post] |

102. Agriculture

agriculture	agricultură (f)	[agrikul'turə]
peasant (masc.)	ţăran (m)	[tsə'ran]
peasant (fem.)	ţărancă (f)	[tsə'rankə]
farmer	fermier (m)	[fer'mjer]

| tractor | tractor (n) | [trak'tor] |
| combine, harvester | combină (f) | [kom'binə] |

plough	plug (n)	[plug]
to plough (vi, vt)	a ara	[a a'ra]
ploughland	ogor (n)	[o'gor]
furrow (in field)	brazdă (f)	['brazdə]

to sow (vi, vt)	a semăna	[a semə'na]
seeder	semănătoare (f)	[semənəto'are]
sowing (process)	semănare (f)	[semə'nare]

| scythe | coasă (f) | [ko'asə] |
| to mow, to scythe | a cosi | [a ko'si] |

| spade (tool) | hârleţ (n) | [hɨr'lets] |
| to till (vt) | a săpa | [a sə'pa] |

hoe	sapă (f)	['sapə]
to hoe, to weed	a plivi	[a pli'vi]
weed (plant)	buruiană (f)	[buru'janə]

watering can	stropitoare (f)	[stropito'are]
to water (plants)	a uda	[a u'da]
watering (act)	irigare (f)	[iri'gare]

| pitchfork | furcă (f) | ['furkə] |
| rake | greblă (f) | ['greblə] |

fertiliser	îngrăşământ (n)	[ɨngrəʃə'mɨnt]
to fertilise (vt)	a îngrăşa	[a ɨngrə'ʃa]
manure (fertiliser)	gunoi (n) de grajd	[gu'noj de graʒd]

field	câmp (n)	[kɨmp]
meadow	luncă (f)	['lunkə]
vegetable garden	grădină (f) de zarzavat	[grə'dinə de zarza'vat]
orchard (e.g. apple ~)	grădină (f)	[grə'dinə]

to graze (vt)	a paşte	[a 'paʃte]
herdsman	păstor (m)	[pəs'tor]
pasture	păşune (f)	[pə'ʃune]

| cattle breeding | zootehnie (f) | [zooteh'nie] |
| sheep farming | ovicultură (f) | [ovikul'turə] |

plantation	plantaţie (f)	[plan'tatsie]
row (garden bed ~s)	strat (n)	[strat]
hothouse	răsadniţă (f)	[rə'sadnitsə]

| drought (lack of rain) | secetă (f) | ['setʃetə] |
| dry (~ summer) | secetos | [setʃe'tos] |

| cereal crops | cereale (f pl) | [tʃere'ale] |
| to harvest, to gather | a strânge | [a 'strindʒe] |

miller (person)	morar (m)	[mo'rar]
mill (e.g. gristmill)	moară (f)	[mo'arə]
to grind (grain)	a măcina grăunţe	[a mətʃi'na grə'untse]
flour	făină (f)	[fə'inə]
straw	paie (n pl)	['pae]

103. Building. Building process

building site	şantier (n)	[ʃan'tjer]
to build (vt)	a construi	[a konstru'i]
building worker	constructor (m)	[kon'struktor]

project	proiect (n)	[pro'ekt]
architect	arhitect (m)	[arhi'tekt]
worker	muncitor (m)	[muntʃi'tor]

foundations (of a building)	fundament (n)	[funda'ment]
roof	acoperiş (n)	[akope'riʃ]
foundation pile	pilon (m)	[pi'lon]
wall	perete (m)	[pe'rete]

| reinforcing bars | armătură (f) | [armə'turə] |
| scaffolding | schele (f) | ['skele] |

concrete	beton (n)	[be'ton]
granite	granit (n)	[gra'nit]
stone	piatră (f)	['pjatrə]
brick	cărămidă (f)	[kərə'midə]

sand	nisip (n)	[ni'sip]
cement	ciment (n)	[tʃi'ment]
plaster (for walls)	tencuială (f)	[tenku'jalə]
to plaster (vt)	a tencui	[a tenku'i]

paint	vopsea (f)	[vop'sʲa]
to paint (~ a wall)	a vopsi	[a vop'si]
barrel	butoi (n)	[bu'toj]

crane	macara (f)	[maka'ra]
to lift, to hoist (vt)	a ridica	[a ridi'ka]
to lower (vt)	a coborî	[a kobo'rɨ]

| bulldozer | buldozer (n) | [bul'dozer] |
| excavator | excavator (n) | [ekskava'tor] |

scoop, bucket	căuş (n)	[kə'uʃ]
to dig (excavate)	a săpa	[a sə'pa]
hard hat	cască (f)	['kaskə]

Professions and occupations

104. Job search. Dismissal

job	serviciu (n)	[ser'vitʃiu]
staff (work force)	cadre (n pl)	['kadre]
career	carieră (f)	[ka'rjerə]
prospects (chances)	perspectivă (f)	[perspek'tivə]
skills (mastery)	îndemânare (f)	[îndemi'nare]
selection (screening)	alegere (f)	[a'ledʒere]
employment agency	agenţie (f) de cadre	[adʒen'tsie de 'kadre]
curriculum vitae, CV	CV (n)	[si'vi]
job interview	interviu (n)	[inter'vju]
vacancy	post (n) vacant	['post va'kant]
salary, pay	salariu (n)	[sa'larju]
fixed salary	salariu (n)	[sa'larju]
pay, compensation	plată (f)	['platə]
position (job)	funcţie (f)	['funktsie]
duty (of employee)	obligaţie (f)	[obli'gatsie]
range of duties	domeniu (n)	[do'menju]
busy (I'm ~)	ocupat	[oku'pat]
to fire (dismiss)	a concedia	[a kontʃedi'a]
dismissal	concediere (f)	[kontʃe'djere]
unemployment	şomaj (n)	[ʃo'maʒ]
unemployed (n)	şomer (m)	[ʃo'mer]
retirement	pensie (f)	['pensie]
to retire (from job)	a se pensiona	[a se pensio'na]

105. Business people

director	director (m)	[di'rektor]
manager (director)	administrator (m)	[adminis'trator]
boss	conducător (m)	[konduka'tor]
superior	şef (m)	[ʃef]
superiors	conducere (f)	[kon'dutʃere]
president	preşedinte (m)	[preʃe'dinte]
chairman	preşedinte (m)	[preʃe'dinte]
deputy (substitute)	adjunct (m)	[a'dʒunkt]
assistant	asistent (m)	[asis'tent]
secretary	secretar (m)	[sekre'tar]

personal assistant	secretar (m) personal	[sekre'tar perso'nal]
businessman	om (m) de afaceri	[om de a'fatʃerʲ]
entrepreneur	întreprinzător (m)	[intreprinzə'tor]
founder	fondator (m)	[fonda'tor]
to found (vt)	a fonda	[a fon'da]
founding member	fondator (m)	[fonda'tor]
partner	partener (m)	[parte'ner]
shareholder	acționar (m)	[aktsio'nar]
millionaire	milionar (m)	[milio'nar]
billionaire	miliardar (n)	[miliar'dar]
owner, proprietor	proprietar (m)	[proprie'tar]
landowner	proprietar (m) funciar	[proprie'tar funtʃi'ar]
client	client (m)	[kli'ent]
regular client	client (m) fidel	[kli'ent fi'del]
buyer (customer)	cumpărător (m)	[kumpərə'tor]
visitor	vizitator (m)	[vizita'tor]
professional (n)	profesionist (m)	[profesio'nist]
expert	expert (m)	[eks'pert]
specialist	specialist (m)	[spetʃia'list]
banker	bancher (m)	[ban'ker]
broker	broker (m)	['broker]
cashier	casier (m)	[ka'sjer]
accountant	contabil (f)	[kon'tabil]
security guard	paznic (m)	['paznik]
investor	investitor (m)	[investi'tor]
debtor	datornic (m)	[da'tornik]
creditor	creditor (m)	[kredi'tor]
borrower	datornic (m)	[da'tornik]
importer	importator (m)	[importa'tor]
exporter	exportator (m)	[eksporta'tor]
manufacturer	producător (m)	[produke'tor]
distributor	distribuitor (m)	[distribui'tor]
middleman	intermediar (m)	[intermedi'ar]
consultant	consultant (m)	[konsul'tant]
sales representative	reprezentant (m)	[reprezen'tant]
agent	agent (m)	[a'dʒent]
insurance agent	agent (m) de asigurare	[a'dʒent de asigu'rare]

106. Service professions

cook	bucătar (m)	[bukə'tar]
chef (kitchen chef)	bucătar-şef (m)	[bukə'tar 'ʃəf]
baker	brutar (m)	[bru'tar]
barman	barman (m)	['barman]

| waiter | chelner (m) | ['kelner] |
| waitress | chelneriță (f) | [kelne'ritsə] |

lawyer, barrister	avocat (m)	[avo'kat]
lawyer (legal expert)	jurist (m)	[ʒu'rist]
notary public	notar (m)	[no'tar]

electrician	electrician (m)	[elektritʃi'an]
plumber	instalator (m)	[instala'tor]
carpenter	dulgher (m)	[dul'ger]

masseur	masor (m)	[ma'sor]
masseuse	masează (f)	[ma'sezə]
doctor	medic (m)	['medik]

taxi driver	taximetrist (m)	[taksime'trist]
driver	șofer (m)	[ʃo'fer]
delivery man	curier (m)	[ku'rjer]

chambermaid	femeie (f) de serviciu	[fe'mee de ser'vitʃiu]
security guard	paznic (m)	['paznik]
flight attendant (fem.)	stewardesă (f)	[stjuar'desə]

schoolteacher	profesor (m)	[pro'fesor]
librarian	bibliotecar (m)	[bibliote'kar]
translator	traducător (m)	[tradukə'tor]
interpreter	interpret (m)	[inter'pret]
guide	ghid (m)	[gid]

hairdresser	frizer (m)	[fri'zer]
postman	poștaș (m)	[poʃ'taʃ]
salesman (store staff)	vânzător (m)	[vinzə'tor]

gardener	grădinar (m)	[grədi'nar]
domestic servant	servitor (m)	[servi'tor]
maid (female servant)	servitoare (f)	[servito'are]
cleaner (cleaning lady)	femeie (f) de serviciu	[fe'mee de ser'vitʃiu]

107. Military professions and ranks

private	soldat (m)	[sol'dat]
sergeant	sergent (m)	[ser'dʒent]
lieutenant	locotenent (m)	[lokote'nent]
captain	căpitan (m)	[kəpi'tan]

major	maior (m)	[ma'jor]
colonel	colonel (m)	[kolo'nel]
general	general (m)	[dʒene'ral]
marshal	mareșal (m)	[mare'ʃal]
admiral	amiral (m)	[ami'ral]

military (n)	militar (m)	[mili'tar]
soldier	soldat (m)	[sol'dat]
officer	ofițer (m)	[ofi'tser]

commander	comandant (m)	[koman'dant]
border guard	grănicer (m)	[grəni'tʃer]
radio operator	radist (m)	[ra'dist]
scout (searcher)	cercetaş (m)	[tʃertʃe'taʃ]
pioneer (sapper)	genist (m)	[ʤe'nist]
marksman	trăgător (m)	[trəgə'tor]
navigator	navigator (m)	[naviga'tor]

108. Officials. Priests

| king | rege (m) | ['reʤe] |
| queen | regină (f) | [re'ʤinə] |

| prince | prinţ (m) | [prints] |
| princess | prinţesă (f) | [prin'tsesə] |

| czar | ţar (m) | [tsar] |
| czarina | ţarină (f) | [tsa'rinə] |

president	preşedinte (m)	[preʃə'dinte]
Secretary (minister)	ministru (m)	[mi'nistru]
prime minister	prim-ministru (m)	['prim mi'nistru]
senator	senator (m)	[sena'tor]

diplomat	diplomat (m)	[diplo'mat]
consul	consul (m)	['konsul]
ambassador	ambasador (m)	[ambasa'dor]
counsellor (diplomatic officer)	consilier (m)	[konsi'ljer]

official, functionary (civil servant)	funcţionar (m)	[funktsio'nar]
prefect	prefect (m)	[pre'fekt]
mayor	primar (m)	[pri'mar]

| judge | judecător (m) | [ʒudekə'tor] |
| prosecutor | procuror (m) | [proku'ror] |

missionary	misionar (m)	[misio'nar]
monk	călugăr (m)	[kə'lugər]
abbot	abate (m)	[a'bate]
rabbi	rabin (m)	[ra'bin]

vizier	vizir (m)	[vi'zir]
shah	şah (m)	[ʃah]
sheikh	şeic (m)	['ʃejk]

109. Agricultural professions

beekeeper	apicultor (m)	[apikul'tor]
shepherd	păstor (m)	[pəs'tor]
agronomist	agronom (m)	[agro'nom]
cattle breeder	zootehnician (m)	[zootehnitʃi'an]

veterinary surgeon	veterinar (m)	[veteri'nar]
farmer	fermier (m)	[fer'mjer]
winemaker	vinificator (m)	[vinifika'tor]
zoologist	zoolog (m)	[zoo'log]
cowboy	cowboy (m)	['kauboj]

110. Art professions

actor	actor (m)	[ak'tor]
actress	actriță (f)	[ak'tritsə]
singer (masc.)	cântăreț (m)	[kintə'rets]
singer (fem.)	cântăreață (f)	[kintə'rʲatsə]
dancer (masc.)	dansator (m)	[dansa'tor]
dancer (fem.)	dansatoare (f)	[dansato'are]
performer (masc.)	artist (m)	[ar'tist]
performer (fem.)	artistă (f)	[ar'tistə]
musician	muzician (m)	[muzitʃi'an]
pianist	pianist (m)	[pia'nist]
guitar player	chitarist (m)	[kita'rist]
conductor (orchestra ~)	dirijor (m)	[diri'ʒor]
composer	compozitor (m)	[kompo'zitor]
impresario	impresar (m)	[impre'sar]
film director	regizor (m)	[re'dʒizor]
producer	producător (m)	[produkə'tor]
scriptwriter	scenarist (m)	[stʃena'rist]
critic	critic (m)	['kritik]
writer	scriitor (m)	[skrii'tor]
poet	poet (m)	[po'et]
sculptor	sculptor (m)	['skulptor]
artist (painter)	pictor (m)	['piktor]
juggler	jongler (m)	[ʒon'gler]
clown	clovn (m)	[klovn]
acrobat	acrobat (m)	[akro'bat]
magician	magician (m)	[madʒitʃi'an]

111. Various professions

doctor	medic (m)	['medik]
nurse	asistentă (f) medicală	[asis'tentə medi'kalə]
psychiatrist	psihiatru (m)	[psihi'atru]
dentist	stomatolog (m)	[stomato'log]
surgeon	chirurg (m)	[ki'rurg]
astronaut	astronaut (m)	[astrona'ut]
astronomer	astronom (m)	[astro'nom]

pilot	pilot (m)	[pi'lot]
driver (of taxi, etc.)	şofer (m)	[ʃo'fer]
train driver	maşinist (m)	[maʃi'nist]
mechanic	mecanic (m)	[me'kanik]

miner	miner (m)	[mi'ner]
worker	muncitor (m)	[muntʃi'tor]
locksmith	lăcătuş (m)	[ləkə'tuʃ]
joiner (carpenter)	tâmplar (m)	[tɨm'plar]
turner (lathe operator)	strungar (m)	[strun'gar]
building worker	constructor (m)	[kon'struktor]
welder	sudor (m)	[su'dor]

professor (title)	profesor (m)	[pro'fesor]
architect	arhitect (m)	[arhi'tekt]
historian	istoric (m)	[is'torik]
scientist	savant (m)	[sa'vant]
physicist	fizician (m)	[fizitʃi'an]
chemist (scientist)	chimist (m)	[ki'mist]

archaeologist	arheolog (m)	[arheo'log]
geologist	geolog (m)	[dʒeo'log]
researcher (scientist)	cercetător (m)	[tʃertʃetə'tor]

| babysitter | dădacă (f) | [də'dakə] |
| teacher, educator | pedagog (m) | [peda'gog] |

editor	redactor (m)	[re'daktor]
editor-in-chief	redactor-şef (m)	[re'daktor 'ʃef]
correspondent	corespondent (m)	[korespon'dent]
typist (fem.)	dactilografă (f)	[daktilo'grafə]

designer	designer (m)	[di'zajner]
computer expert	operator (m)	[opera'tor]
programmer	programator (m)	[programa'tor]
engineer (designer)	inginer (m)	[indʒi'ner]

sailor	marinar (m)	[mari'nar]
seaman	marinar (m)	[mari'nar]
rescuer	salvator (m)	[salva'tor]

firefighter	pompier (m)	[pom'pjer]
police officer	poliţist (m)	[poli'tsist]
watchman	paznic (m)	['paznik]
detective	detectiv (m)	[detek'tiv]

customs officer	vameş (m)	['vameʃ]
bodyguard	gardă (f) de corp	['gardə de 'korp]
prison officer	supraveghetor (m)	[supravege'tor]
inspector	inspector (m)	[in'spektor]

sportsman	sportiv (m)	[spor'tiv]
trainer, coach	antrenor (m)	[antre'nor]
butcher	măcelar (m)	[mətʃe'lar]
cobbler (shoe repairer)	cizmar (m)	[tʃiz'mar]
merchant	comerciant (m)	[komertʃi'ant]

loader (person)	hamal (m)	[ha'mal]
fashion designer	modelier (n)	[mode'ljer]
model (fem.)	model (n)	[mo'del]

112. Occupations. Social status

schoolboy	elev (m)	[e'lev]
student (college ~)	student (m)	[stu'dent]
philosopher	filozof (m)	[filo'zof]
economist	economist (m)	[ekono'mist]
inventor	inventator (m)	[inventa'tor]
unemployed (n)	şomer (m)	[ʃo'mer]
pensioner	pensionar (m)	[pensio'nar]
spy, secret agent	spion (m)	[spi'on]
prisoner	arestat (m)	[ares'tat]
striker	grevist (m)	[gre'vist]
bureaucrat	birocrat (m)	[biro'krat]
traveller (globetrotter)	călător (m)	[kələ'tor]
gay, homosexual (n)	homosexual (m)	[homoseksu'al]
hacker	hacker (m)	['haker]
bandit	bandit (m)	[ban'dit]
hit man, killer	asasin (m) plătit	[asa'sin plə'tit]
drug addict	narcoman (m)	[narko'man]
drug dealer	vânzător (m) de droguri	[vɨnzə'tor de 'drogurʲ]
prostitute (fem.)	prostituată (f)	[prostitu'atə]
pimp	proxenet (m)	[prokse'net]
sorcerer	vrăjitor (m)	[vrəʒi'tor]
sorceress (evil ~)	vrăjitoare (f)	[vrəʒito'are]
pirate	pirat (m)	[pi'rat]
slave	rob (m)	[rob]
samurai	samurai (m)	[samu'raj]
savage (primitive)	sălbatic (m)	[səl'batik]

Sports

113. Kinds of sports. Sportspersons

sportsman	sportiv (m)	[spor'tiv]
kind of sport	gen (n) de sport	['dʒen de 'sport]
basketball	baschet (n)	['basket]
basketball player	baschetbalist (m)	[basketba'list]
baseball	base-ball (n)	['bejsbol]
baseball player	jucător (m) de base-ball	[ʒukə'tor de 'bejsbol]
football	fotbal (n)	['fotbal]
football player	fotbalist (m)	[fotba'list]
goalkeeper	portar (m)	[por'tar]
ice hockey	hochei (n)	['hokej]
ice hockey player	hocheist (m)	[hoke'ist]
volleyball	volei (n)	['volej]
volleyball player	voleibalist (m)	[volejba'list]
boxing	box (n)	[boks]
boxer	boxer (m)	[bok'ser]
wrestling	luptă (f)	['luptə]
wrestler	luptător (m)	[luptə'tor]
karate	carate (n)	[ka'rate]
karate fighter	karatist (m)	[kara'tist]
judo	judo (n)	['dʒudo]
judo athlete	judocan (m)	[dʒudo'kan]
tennis	tenis (n)	['tenis]
tennis player	tenisman (m)	[tenis'man]
swimming	înot (n)	[i'not]
swimmer	înotător (m)	[ɨnotə'tor]
fencing	scrimă (f)	['skrimə]
fencer	jucător (m) de scrimă	[ʒukə'tor de 'skrimə]
chess	şah (n)	[ʃah]
chess player	şahist (m)	[ʃa'hist]
alpinism	alpinism (n)	[alpi'nizm]
alpinist	alpinist (m)	[alpi'nist]
running	alergare (f)	[aler'gare]

runner	alergător (m)	[alergə'tor]
athletics	atletism (n)	[atle'tizm]
athlete	atlet (m)	[at'let]
horse riding	hipism (n)	[hi'pism]
horse rider	călăreț (m)	[kələ'reʦ]
figure skating	patinaj (n) artistic	[pati'naʒ ar'tistik]
figure skater (masc.)	patinator (m) artistic	[patina'tor ar'tistik]
figure skater (fem.)	patinatore (f) artistică	[patinato'are ar'tistikə]
powerlifting	atletică (f) grea	[at'letikə gr'a]
powerlifter	halterofil (m)	[haltero'fil]
car racing	raliu (n)	[ra'liu]
racer (driver)	pilot (m) de curse	[pi'lot de 'kurse]
cycling	ciclism (n)	[ʧi'klizm]
cyclist	ciclist (m)	[ʧi'klist]
long jump	sărituri (f pl) în lungime	[səri'turʲ in lun'dʒime]
pole vaulting	săritură (f) cu prăjina	[səri'turə ku prə'ʒina]
jumper	săritor (m)	[səri'tor]

114. Kinds of sports. Miscellaneous

American football	fotbal (n) american	['fotbal ameri'kan]
badminton	badminton (n)	[bedmin'ton]
biathlon	biatlon (n)	[biat'lon]
billiards	biliard (n)	[bi'ljard]
bobsleigh	bob (n)	[bob]
bodybuilding	culturism (n)	[kultu'rism]
water polo	polo (n) pe apă	['polo pe 'apə]
handball	handbal (n)	['handbal]
golf	golf (n)	[golf]
rowing	canotaj (n)	[kano'taʒ]
scuba diving	scufundare (f)	[skufun'dare]
cross-country skiing	concurs (n) de schi	[ko'nkurs de 'ski]
table tennis (ping-pong)	tenis (n) de masă	['tenis de 'masə]
sailing	iahting (n)	['jahting]
rally	raliu (n)	[ra'liu]
rugby	rugby (n)	['regbi]
snowboarding	snowboard (n)	[snou'bord]
archery	tragere (f) cu arcul	['tradʒere 'ku 'arkul]

115. Gym

barbell	halteră (f)	[hal'terə]
dumbbells	haltere (f pl)	['haltere]

training machine	dispozitiv (n) pentru antrenament	[dispozi'tiv 'pentru antrena'ment]
exercise bicycle	bicicletă (f)	[bitʃi'kletə]
treadmill	pistă (f) de alergare	['pistə de aler'gare]

horizontal bar	bară (f)	['barə]
parallel bars	bare (f pl)	['bare]
vault (vaulting horse)	cal (m) de gimnastică	['kal de dʒim'nastikə]
mat (exercise ~)	saltea (f)	[sal'tʲa]

| aerobics | aerobică (f) | [ae'robikə] |
| yoga | yoga (f) | ['joga] |

116. Sports. Miscellaneous

Olympic Games	Jocuri (n pl) Olimpice	['ʒokurʲ o'limpitʃe]
winner	învingător (m)	[invingə'tor]
to be winning	a învinge	[a ɨn'vindʒe]
to win (vi)	a câştiga	[a kɨʃti'ga]

| leader | lider (m) | ['lider] |
| to lead (vi) | a fi în fruntea | [a fi ɨn 'fruntʲa] |

first place	primul loc (n)	['primul lok]
second place	al doilea loc (n)	[al 'dojlʲa lok]
third place	al treilea loc (n)	[al 'trejlʲa lok]

medal	medalie (f)	[me'dalie]
trophy	trofeu (n)	[tro'feu]
prize cup (trophy)	cupă (f)	['kupə]
prize (in game)	premiu (n)	['premju]
main prize	premiul (n) principal	['premjul printʃi'pal]

| record | record (n) | [re'kord] |
| to set a record | a bate recordul | [a 'bate re'kordul] |

| final | finală (f) | [fi'nalə] |
| final (adj) | final | [fi'nal] |

| champion | campion (m) | [kampi'on] |
| championship | campionat (n) | [kampio'nat] |

stadium	stadion (n)	[stadi'on]
terrace	tribună (f)	[tri'bunə]
fan, supporter	suporter (m)	[su'porter]
opponent, rival	adversar (m)	[adver'sar]

| start (start line) | start (n) | [start] |
| finish line | finiş (n) | ['finiʃ] |

defeat	înfrângere (f)	[ɨn'frɨndʒere]
to lose (not win)	a pierde	[a 'pjerde]
referee	arbitru (m)	[ar'bitru]
jury (judges)	juriu (n)	['ʒurju]

score	scor (n)	[skor]
draw	egalitate (f)	[egali'tate]
to draw (vi)	a juca la egalitate	[a ʒu'ka la egali'tate]
point	punct (n)	[punkt]
result (final score)	rezultat (n)	[rezul'tat]
half-time	pauză (f)	['pauzə]
doping	dopaj (n)	[do'paʒ]
to penalise (vt)	a penaliza	[a penali'za]
to disqualify (vt)	a descalifica	[a deskalifi'ka]
apparatus	aparat (n)	[apa'rat]
javelin	suliță (f)	['sulitsə]
shot (metal ball)	greutate (f)	[greu'tate]
ball (snooker, etc.)	bilă (f)	['bilə]
aim (target)	țintă (f)	['tsintə]
target	țintă (f)	['tsintə]
to shoot (vi)	a trage	[a 'tradʒə]
accurate (~ shot)	exact	[e'gzakt]
trainer, coach	antrenor (m)	[antre'nor]
to train (sb)	a antrena	[a antre'na]
to train (vi)	a se antrena	[a se antre'na]
training	antrenament (n)	[antrena'ment]
gym	sală (f) de sport	['salə de sport]
exercise (physical)	exercițiu (n)	[egzer'tʃitsju]
warm-up (athlete ~)	încălzire (f)	[inkəl'zire]

Education

117. School

school	şcoală (f)	[ʃkoˈalə]
headmaster	director (m)	[diˈrektor]
pupil (boy)	elev (m)	[eˈlev]
pupil (girl)	elevă (f)	[eˈlevə]
schoolboy	elev (m)	[eˈlev]
schoolgirl	elevă (f)	[eˈlevə]
to teach (sb)	a învăţa	[a invəˈtsa]
to learn (language, etc.)	a învăţa	[a invəˈtsa]
to learn by heart	a învăţa pe de rost	[a invəˈtsa pe de rost]
to learn (~ to count, etc.)	a învăţa	[a invəˈtsa]
to be at school	a merge la şcoală	[a ˈmerdʒe la ʃkoˈalə]
to go to school	a merge la şcoală	[a ˈmerdʒe la ʃkoˈalə]
alphabet	alfabet (n)	[alfaˈbet]
subject (at school)	disciplină (f)	[distʃiˈplinə]
classroom	clasă (f)	[ˈklasə]
lesson	lecţie (f)	[ˈlektsie]
playtime, break	recreaţie (f)	[rekreˈatsie]
school bell	sunet (n)	[ˈsunet]
school desk	bancă (f)	[ˈbankə]
blackboard	tablă (f)	[ˈtablə]
mark	notă (f)	[ˈnotə]
good mark	notă (f) bună	[ˈnotə ˈbunə]
bad mark	notă (f) rea	[ˈnotə rʲa]
to give a mark	a pune notă	[a ˈpune ˈnotə]
mistake, error	greşeală (f)	[greˈʃalə]
to make mistakes	a greşi	[a greˈʃi]
to correct (an error)	a corecta	[a korekˈta]
crib	fiţuică (f)	[fiˈtsujkə]
homework	temă (f) pentru acasă	[ˈtemə ˈpentru aˈkasə]
exercise (in education)	exerciţiu (n)	[egzerˈtʃitsju]
to be present	a fi prezent	[a fi preˈzent]
to be absent	a lipsi	[a lipˈsi]
to punish (vt)	a pedepsi	[a pedepˈsi]
punishment	pedeapsă (f)	[peˈdʲapsə]
conduct (behaviour)	comportament (n)	[komportaˈment]
school report	agendă (f)	[aˈdʒendə]

pencil	creion (n)	[kre'jon]
rubber	radieră (f)	[radi'erə]
chalk	cretă (f)	['kretə]
pencil case	penar (n)	[pe'nar]

schoolbag	ghiozdan (n)	[goz'dan]
pen	pix (n)	[piks]
exercise book	caiet (n)	[ka'et]
textbook	manual (n)	[manu'al]
compasses	compas (n)	[kom'pas]

| to make technical drawings | a schița | [a ski'tsa] |
| technical drawing | plan (n) | [plan] |

poem	poezie (f)	[poe'zie]
by heart (adv)	pe de rost	[pe de rost]
to learn by heart	a învăța pe de rost	[a invə'tsa pe de rost]

| school holidays | vacanță (f) | [va'kantsə] |
| to be on holiday | a fi în vacanță | [a fi in va'kantsə] |

test (at school)	lucrare (f) de control	[lu'krare de kon'trol]
essay (composition)	compunere (f)	[kom'punere]
dictation	dictare (f)	[dik'tare]

exam (examination)	examen (n)	[e'gzamen]
to do an exam	a da examene	[a da e'gzamene]
experiment (e.g., chemistry ~)	experiment (f)	[eksperi'ment]

118. College. University

academy	academie (f)	[akade'mie]
university	universitate (f)	[universi'tate]
faculty (e.g., ~ of Medicine)	facultate (f)	[fakul'tate]

student (masc.)	student (m)	[stu'dent]
student (fem.)	studentă (f)	[stu'dentə]
lecturer (teacher)	profesor (m)	[pro'fesor]

| lecture hall, room | aulă (f) | [a'ulə] |
| graduate | absolvent (m) | [absol'vent] |

| diploma | diplomă (f) | ['diplomə] |
| dissertation | disertație (f) | [diser'tatsie] |

| study (report) | cercetare (f) | [tʃertʃe'tare] |
| laboratory | laborator (n) | [labora'tor] |

| lecture | prelegere (f) | [pre'ledʒere] |
| coursemate | coleg (m) de an | [ko'leg de an] |

| scholarship, bursary | bursă (f) | ['bursə] |
| academic degree | titlu (n) științific | ['titlu ʃtiin'tsifik] |

119. Sciences. Disciplines

mathematics	matematică (f)	[mate'matikə]
algebra	algebră (f)	[al'dʒebrə]
geometry	geometrie (f)	[dʒeome'trie]
astronomy	astronomie (f)	[astrono'mie]
biology	biologie (f)	[biolo'dʒie]
geography	geografie (f)	[dʒeogra'fie]
geology	geologie (f)	[dʒeolo'dʒie]
history	istorie (f)	[is'torie]
medicine	medicină (f)	[medi'tʃinə]
pedagogy	pedagogie (f)	[pedago'dʒie]
law	drept (n)	[drept]
physics	fizică (f)	['fizikə]
chemistry	chimie (f)	[ki'mie]
philosophy	filozofie (f)	[filozo'fie]
psychology	psihologie (f)	[psiholo'dʒie]

120. Writing system. Orthography

grammar	gramatică (f)	[gra'matikə]
vocabulary	lexic (n)	['leksik]
phonetics	fonetică (f)	[fo'netikə]
noun	substantiv (n)	[substan'tiv]
adjective	adjectiv (n)	[adʒek'tiv]
verb	verb (n)	[verb]
adverb	adverb (n)	[ad'verb]
pronoun	pronume (n)	[pro'nume]
interjection	interjecție (f)	[inter'ʒektsie]
preposition	prepoziție (f)	[prepo'zitsie]
root	rădăcina (f) cuvântului	[rədə'tʃina ku'vɨntuluj]
ending	terminație (f)	[termi'natsie]
prefix	prefix (n)	[pre'fiks]
syllable	silabă (f)	[si'labə]
suffix	sufix (n)	[su'fiks]
stress mark	accent (n)	[ak'tʃent]
apostrophe	apostrof (n)	[apo'strof]
full stop	punct (n)	[punkt]
comma	virgulă (f)	['virgulə]
semicolon	punct (n) și virgulă	[punkt ʃi 'virgulə]
colon	două puncte (n pl)	['dowə 'punkte]
ellipsis	puncte-puncte (n pl)	['punkte 'punkte]
question mark	semn (n) de întrebare	[semn de intre'bare]
exclamation mark	semn (n) de exclamare	[semn de ekskla'mare]

inverted commas	ghilimele (f pl)	[gili'mele]
in inverted commas	în ghilimele	[in gili'mele]
parenthesis	paranteze (f pl)	[paran'teze]
in parenthesis	în paranteze	[in paran'teze]

hyphen	cratimă (f)	['kratimə]
dash	cratimă (f)	['kratimə]
space (between words)	spaţiu (n) liber	['spatsju 'liber]

| letter | literă (f) | ['literə] |
| capital letter | majusculă (f) | [ma'ʒuskulʲa] |

| vowel (n) | vocală (f) | [vo'kalə] |
| consonant (n) | consoană (f) | [konso'anə] |

sentence	prepoziţie (f)	[prepo'zitsie]
subject	subiect (n)	[su'bjekt]
predicate	predicat (n)	[predi'kat]

line	rând (n)	[rind]
on a new line	alineat	[aline'at]
paragraph	paragraf (n)	[para'graf]

word	cuvânt (n)	[ku'vint]
group of words	îmbinare (f) de cuvinte	[imbi'nare de ku'vinte]
expression	expresie (f)	[eks'presie]
synonym	sinonim (n)	[sino'nim]
antonym	antonim (n)	[anto'nim]

rule	regulă (f)	['regulə]
exception	excepţie (f)	[eks'tʃeptsie]
correct (adj)	corect	[ko'rekt]

conjugation	conjugare (f)	[konʒu'gare]
declension	declinare (f)	[dekli'nare]
nominal case	caz (n)	[kaz]
question	întrebare (f)	[intre'bare]
to underline (vt)	a sublinia	[a sublini'a]
dotted line	linie (f) punctată	['linie punk'tatə]

121. Foreign languages

language	limbă (f)	['limbə]
foreign (adj)	străin	[strə'in]
to study (vt)	a studia	[a studi'a]
to learn (language, etc.)	a învăţa	[a invə'tsa]

to read (vi, vt)	a citi	[a tʃi'ti]
to speak (vi, vt)	a vorbi	[a vor'bi]
to understand (vt)	a înţelege	[a intse'ledʒe]
to write (vt)	a scrie	[a 'skrie]

| fast (adv) | repede | ['repede] |
| slowly (adv) | încet | [in'tʃet] |

T&P Books. Theme-based dictionary British English-Romanian - 7000 words

fluently (adv)	liber	['liber]
rules	reguli (f pl)	['reguli]
grammar	gramatică (f)	[gra'matikə]
vocabulary	lexic (n)	['leksik]
phonetics	fonetică (f)	[fo'netikə]

textbook	manual (n)	[manu'al]
dictionary	dicționar (n)	[diktsio'nar]
teach-yourself book	manual (n) autodidactic	[manu'al autodi'daktik]
phrasebook	ghid (n) de conversație	[gid de konver'satsie]

cassette, tape	casetă (f)	[ka'setə]
videotape	casetă (f) video	[ka'setə 'video]
CD, compact disc	CD (n)	[si'di]
DVD	DVD (n)	[divi'di]

alphabet	alfabet (n)	[alfa'bet]
to spell (vt)	a spune pe litere	[a vor'bi pe 'litere]
pronunciation	pronunție (f)	[pro'nuntsie]

accent	accent (n)	[ak'tʃent]
with an accent	cu accent	['ku ak'tʃent]
without an accent	fără accent	['fərə ak'tʃent]

| word | cuvânt (n) | [ku'vint] |
| meaning | sens (n) | [sens] |

course (e.g. a French ~)	cursuri (n)	['kursuri]
to sign up	a se înscrie	[a se in'skrie]
teacher	profesor (m)	[pro'fesor]

translation (process)	traducere (f)	[tra'dutʃere]
translation (text, etc.)	traducere (f)	[tra'dutʃere]
translator	traducător (m)	[tradukə'tor]
interpreter	translator (m)	[trans'lator]

| polyglot | poliglot (m) | [poli'glot] |
| memory | memorie (f) | [me'morie] |

122. Fairy tale characters

| Santa Claus | Santa Claus (m) | ['santa 'klaus] |
| mermaid | sirenă (f) | [si'renə] |

magician, wizard	vrăjitor (m)	[vrəʒi'tor]
fairy	vrăjitoare (f)	[vrəʒito'are]
magic (adj)	miraculos	[miraku'los]
magic wand	baghetă (f) magică	[ba'getə 'madʒikə]

fairy tale	poveste (f)	[po'veste]
miracle	minune (f)	[mi'nune]
dwarf	gnom (m)	[gnom]
to turn into ...	a se preface în ...	[a se pre'fatʃe in]
ghost	stafie (f)	[sta'fie]

phantom	fantomă (f)	[fan'tomə]
monster	monstru (m)	['monstru]
dragon	dragon (m)	[dra'gon]
giant	uriaş (m)	[uri'aʃ]

123. Zodiac Signs

Aries	Berbec (m)	[ber'bek]
Taurus	Taur (m)	['taur]
Gemini	Gemeni (m pl)	['dʒemenʲ]
Cancer	Rac (m)	[rak]
Leo	Leu (m)	['leu]
Virgo	Fecioară (f)	[fetʃio'arə]

Libra	Balanţă (f)	[ba'lantsə]
Scorpio	Scorpion (m)	[skorpi'on]
Sagittarius	Săgetător (m)	[sədʒetə'tor]
Capricorn	Capricorn (m)	[kapri'korn]
Aquarius	Vărsător (m)	[vərsə'tor]
Pisces	Peşti (m pl)	[peʃtʲ]

character	caracter (m)	[karak'ter]
character traits	trăsături (f pl) de caracter	[trəsə'turʲ de karak'ter]
behaviour	comportament (n)	[komporta'ment]
to tell fortunes	a prezice	[a pre'zitʃe]
fortune-teller	prezicătoare (f)	[prezikəto'are]
horoscope	horoscop (n)	[horo'skop]

Arts

124. Theatre

theatre	teatru (n)	[te'atru]
opera	operă (f)	['operə]
operetta	operetă (f)	[ope'retə]
ballet	balet (n)	[ba'let]
theatre poster	afiş (n)	[a'fiʃ]
theatre company	trupă (f)	['trupə]
tour	turneu (n)	[tur'neu]
to be on tour	a juca în turneu	[a ʒu'ka ɨn tur'neu]
to rehearse (vi, vt)	a repeta	[a repe'ta]
rehearsal	repetiţie (f)	[repe'titsie]
repertoire	repertoriu (n)	[reper'torju]
performance	reprezentaţie (f)	[rəprəzən'tatje]
theatrical show	spectacol (n)	[spekta'kol]
play	piesă (f) de teatru	['pjesə de te'atru]
ticket	bilet (n)	[bi'let]
booking office	casă (f) de bilete	['kasə de bi'lete]
lobby, foyer	hol (n)	[hol]
coat check (cloakroom)	garderobă (f)	[garde'robə]
cloakroom ticket	număr (n)	['numər]
binoculars	binoclu (n)	[bi'noklu]
usher	controlor (m)	[kontro'lor]
stalls (orchestra seats)	parter (n)	[par'ter]
balcony	balcon (n)	[bal'kon]
dress circle	mezanin (n)	[meza'nin]
box	lojă (f)	['loʒə]
row	rând (n)	[rɨnd]
seat	loc (n)	[lok]
audience	public (n)	['publik]
spectator	spectator (m)	[spekta'tor]
to clap (vi, vt)	a aplauda	[a aplau'da]
applause	aplauze (f pl)	[ap'lauze]
ovation	ovaţii (f pl)	[o'vatsij]
stage	scenă (f)	['stʃenə]
curtain	cortină (f)	[kor'tinə]
scenery	decor (n)	[de'kor]
backstage	culise (f)	[ku'lise]
scene (e.g. the last ~)	scenă (f)	['stʃenə]
act	act (n)	[akt]
interval	antract (n)	[an'trakt]

125. Cinema

actor	actor (m)	[ak'tor]
actress	actriță (f)	[ak'tritsə]
cinema (industry)	cinema (n)	[tʃine'ma]
film	film (n)	[film]
episode	serie (f)	['serie]
detective film	detectiv (n)	[detek'tiv]
action film	film (n) de acțiune	['film de aktsi'une]
adventure film	film (n) de aventură	['film de aven'turə]
science fiction film	film (n) fantastic	['film fan'tastik]
horror film	film (m) de groază	['film de gro'azə]
comedy film	comedie (f)	[kome'die]
melodrama	melodramă (f)	[melo'dramə]
drama	dramă (f)	['dramə]
fictional film	film (n) artistic	[film ar'tistik]
documentary	film (n) documentar	[film dokumen'tar]
cartoon	desene (n) animate	[de'sene ani'mate]
silent films	film (n) mut	[film mut]
role (part)	rol (n)	[rol]
leading role	rolul (n) principal	['rolul printʃi'pal]
to play (vi, vt)	a juca	[a ʒu'ka]
film star	stea (f) de cinema	[stʲa de tʃine'ma]
well-known (adj)	cunoscut	[kunos'kut]
famous (adj)	vestit	[ves'tit]
popular (adj)	popular	[popu'lar]
script (screenplay)	scenariu (n)	[stʃe'narju]
scriptwriter	scenarist (m)	[stʃena'rist]
film director	regizor (m)	[re'dʒizor]
producer	producător (m)	[produkə'tor]
assistant	asistent (m)	[asis'tent]
cameraman	operator (m)	[opera'tor]
stuntman	cascador (m)	[kaska'dor]
to shoot a film	a turna un film	[a tur'na un film]
audition, screen test	probe (f pl)	['probe]
shooting	filmări (f pl)	[filmərʲ]
film crew	echipă (f) de filmare	[e'kipə de fil'mare]
film set	teren (n) de filmare	[te'ren de fil'mare]
camera	cameră (f) de luat vederi	['kamerə de lu'at ve'derʲ]
cinema	cinematograf (n)	[tʃinemato'graf]
screen (e.g. big ~)	ecran (n)	[e'kran]
to show a film	a prezenta un film	[a prezen'ta 'un 'film]
soundtrack	linie (f) sonoră	['linie so'norə]
special effects	efecte (n pl) speciale	[e'fekte spetʃi'ale]
subtitles	subtitluri (n pl)	[sub'titlurʲ]

| credits | titrări (f pl) | [tit'rərʲ] |
| translation | traducere (f) | [tra'dutʃere] |

126. Painting

art	artă (f)	['artə]
fine arts	arte (f pl) frumoase	['arte frumo'ase]
art gallery	galerie (f)	[gale'rie]
art exhibition	expoziție (f) de tablouri	[ekspo'zitsie de tab'lourʲ]

painting (art)	pictură (f)	[pik'turə]
graphic art	grafică (f)	['grafikə]
abstract art	abstracționism (n)	[abstraktsio'nism]
impressionism	impresionism (n)	[impresio'nism]

picture (painting)	tablou (n)	[tab'lou]
drawing	desen (n)	[de'sen]
poster	afiş (n)	[a'fiʃ]

illustration (picture)	ilustrație (f)	[ilus'tratsie]
miniature	miniatură (f)	[minia'turə]
copy (of painting, etc.)	copie (f)	['kopie]
reproduction	reproducere (f)	[repro'dutʃere]

mosaic	mozaic (n)	[moza'ik]
stained glass window	vitraliu (n)	[vi'tralju]
fresco	frescă (f)	['freskə]
engraving	gravură (f)	[gra'vurə]

bust (sculpture)	bust (n)	[bust]
sculpture	sculptură (f)	[skulp'turə]
statue	statuie (f)	[sta'tue]
plaster of Paris	ghips (n)	[gips]
plaster (as adj)	de, din ghips	[de, din gips]

portrait	portret (n)	[por'tret]
self-portrait	autoportret (n)	[autopor'tret]
landscape painting	peisaj (n)	[pej'saʒ]
still life	natură (f) moartă	[na'turə mo'artə]
caricature	caricatură (f)	[karika'turə]

paint	vopsea (f)	[vop'sʲa]
watercolor paint	acuarelă (f)	[akua'relə]
oil (paint)	ulei (n)	[u'lej]
pencil	creion (n)	[kre'jon]
Indian ink	tuş (n)	[tuʃ]
charcoal	cărbune (m)	[kər'bune]

to draw (vi, vt)	a schița	[a ski'tsa]
to paint (vi, vt)	a schița	[a ski'tsa]
to pose (vi)	a poza	[a po'za]
artist's model (masc.)	naturist (m)	[natu'rist]
artist's model (fem.)	naturistă (f)	[natu'ristə]
artist (painter)	pictor (m)	['piktor]

work of art	operă (f)	['operə]
masterpiece	capodoperă (f)	[kapo'doperə]
studio (artist's workroom)	atelier (n)	[ate'ljer]

canvas (cloth)	pânză (f)	['pinzə]
easel	şevalet (n)	[ʃəva'let]
palette	paletă (f)	[pa'letə]

frame (picture ~, etc.)	ramă (f)	['ramə]
restoration	restaurare (f)	[restau'rare]
to restore (vt)	a restaura	[a restau'ra]

127. Literature & Poetry

literature	literatură (f)	[litera'turə]
author (writer)	autor (m)	[au'tor]
pseudonym	pseudonim (n)	[pseudo'nim]

book	carte (f)	['karte]
volume	volum (n)	[vo'lum]
table of contents	cuprins (n)	[ku'prins]
page	pagină (f)	['padʒinə]
main character	erou (m) principal	[e'rou printʃi'pal]
autograph	autograf (n)	[auto'graf]

short story	povestire (f)	[poves'tire]
story (novella)	nuvelă (f)	[nu'velə]
novel	roman (n)	[ro'man]
work (writing)	compunere (f)	[kom'punere]
fable	fabulă (f)	['fabulə]
detective novel	detectiv (m)	[detek'tiv]

poem (verse)	poezie (f)	[poe'zie]
poetry	poezie (f)	[poe'zie]
poem (epic, ballad)	poem (n)	[po'em]
poet	poet (m)	[po'et]

fiction	literatură (f) artistică	[litera'turə ar'tistikə]
science fiction	science fiction (n)	['saens 'fikʃn]
adventures	aventură (f)	[aven'turə]
educational literature	literatură (f) ştiinţifică	[litera'turə ʃtiin'tsifikə]
children's literature	literatură (f) pentru copii	[litera'turə 'pentru ko'pij]

128. Circus

circus	circ (n)	[tʃirk]
travelling circus	circ (n) pe roţi	[tʃirk pe 'rotsə]
programme	program (n)	[pro'gram]
performance	spectacol (n)	[spekta'kol]

act (circus ~)	număr (n)	['numər]
circus ring	arenă (f)	[a'renə]

pantomime (act)	pantomimă (f)	[panto'mimə]
clown	clovn (m)	[klovn]
acrobat	acrobat (m)	[akro'bat]
acrobatics	acrobatică (f)	[akro'batikə]
gymnast	gimnast (m)	[ʤim'nast]
acrobatic gymnastics	gimnastică (f)	[ʤim'nastikə]
somersault	tumbă (f)	['tumbə]
strongman	atlet (m)	[at'let]
tamer (e.g., lion ~)	îmblânzitor (m)	[ɨmblɨnzi'tor]
rider (circus horse ~)	călăreț (m)	[kələ'reʦ]
assistant	asistent (m)	[asis'tent]
stunt	truc (n)	[truk]
magic trick	scamatorie (f)	[skama'torie]
conjurer, magician	scamator (m)	[skama'tor]
juggler	jongler (m)	[ʒon'gler]
to juggle (vi, vt)	a jongla	[a ʒon'gla]
animal trainer	dresor (m)	[dre'sor]
animal training	dresare (f)	[dre'sare]
to train (animals)	a dresa	[a dre'sa]

129. Music. Pop music

music	muzică (f)	['muzikə]
musician	muzician (m)	[muziʧi'an]
musical instrument	instrument (n) muzical	[instru'ment muzi'kal]
to play ...	a cânta la ...	[a kɨn'ta 'la]
guitar	chitară (f)	[ki'tarə]
violin	vioară (f)	[vio'arə]
cello	violoncel (n)	[violon'ʧel]
double bass	contrabas (n)	[kontra'bas]
harp	harpă (f)	['harpə]
piano	pianină (f)	[pia'ninə]
grand piano	pian (n) cu coadă	['pjan ku ku'adə]
organ	orgă (f)	['orgə]
wind instruments	instrumente (n pl) de suflat	[instru'mente de suf'lat]
oboe	oboi (m)	[o'boj]
saxophone	saxofon (n)	[sakso'fon]
clarinet	clarinet (n)	[klari'net]
flute	flaut (n)	['flaut]
trumpet	trompetă (f)	[trom'petə]
accordion	acordeon (n)	[akorde'on]
drum	tobă (f)	['tobə]
duo	duet (n)	[du'et]
trio	trio (n)	['trio]
quartet	cvartet (n)	[kvar'tet]

choir	cor (n)	[kor]
orchestra	orchestră (f)	[or'kestrə]
pop music	muzică (f) pop	['muzikə pop]
rock music	muzică (f) rock	['muzikə rok]
rock group	formaţie (n) rock	[for'matsie rok]
jazz	jazz (n)	[dʒaz]
idol	idol (m)	['idol]
admirer, fan	fan (m)	[fan]
concert	concert (n)	[kon'tʃert]
symphony	simfonie (f)	[simfo'nie]
composition	operă (f)	['operə]
to compose (write)	a compune	[a kom'pune]
singing (n)	cântare (f)	[kɨn'tare]
song	cântec (n)	['kɨntek]
tune (melody)	melodie (f)	[melo'die]
rhythm	ritm (n)	[ritm]
blues	blues (n)	[bluz]
sheet music	note (f pl)	['note]
baton	baghetă (f)	[ba'getə]
bow	arcuş (n)	[ar'kuʃ]
string	coardă (f)	[ko'ardə]
case (e.g. guitar ~)	husă (f)	['husə]

Rest. Entertainment. Travel

130. Trip. Travel

English	Romanian	Pronunciation
tourism, travel	turism (n)	[tu'rism]
tourist	turist (m)	[tu'rist]
trip, voyage	călătorie (f)	[kələto'rie]
adventure	aventură (f)	[aven'turə]
trip, journey	voiaj (n)	[vo'jaʒ]
holiday	concediu (n)	[kon'tʃedju]
to be on holiday	a fi în concediu	[a fi in kon'tʃedju]
rest	odihnă (f)	[o'dihnə]
train	tren (n)	[tren]
by train	cu trenul	[ku 'trenul]
aeroplane	avion (n)	[a'vjon]
by aeroplane	cu avionul	[ku a'vjonul]
by car	cu automobilul	[ku automo'bilul]
by ship	cu vaporul	[ku va'porul]
luggage	bagaj (n)	[ba'gaʒ]
suitcase	valiză (f)	[va'lizə]
luggage trolley	cărucior (n) pentru bagaj	[kəru'tʃior 'pentru ba'gaʒ]
passport	paşaport (n)	[paʃa'port]
visa	viză (f)	['vizə]
ticket	bilet (n)	[bi'let]
air ticket	bilet (n) de avion	[bi'let de a'vjon]
guidebook	ghid (m)	[gid]
map (tourist ~)	hartă (f)	['hartə]
area (rural ~)	localitate (f)	[lokali'tate]
place, site	loc (n)	[lok]
exotica (n)	exotism (n)	[egzo'tism]
exotic (adj)	exotic	[e'gzotik]
amazing (adj)	uimitor	[ujmi'tor]
group	grup (n)	[grup]
excursion, sightseeing tour	excursie (f)	[eks'kursie]
guide (person)	ghid (m)	[gid]

131. Hotel

English	Romanian	Pronunciation
hotel	hotel (n)	[ho'tel]
motel	motel (n)	[mo'tel]
three-star (~ hotel)	trei stele	[trej 'stele]

five-star	cinci stele	[ʧinʧ 'stele]
to stay (in a hotel, etc.)	a se opri	[a se o'pri]
room	cameră (f)	['kamerə]
single room	cameră pentru o persoană (n)	['kamerə 'pentru o perso'anə]
double room	cameră pentru două persoane (n)	['kamerə 'pentru 'dowə perso'ane]
to book a room	a rezerva o cameră	[a rezer'va o 'kamerə]
half board	demipensiune (f)	[demipensi'une]
full board	pensiune (f)	[pensi'une]
with bath	cu baie	[ku 'bae]
with shower	cu duş	[ku duʃ]
satellite television	televiziune (f) prin satelit	[televizi'une 'prin sate'lit]
air-conditioner	aer (n) condiţionat	['aer konditsio'nat]
towel	prosop (n)	[pro'sop]
key	cheie (f)	['kee]
administrator	administrator (m)	[adminis'trator]
chambermaid	femeie (f) de serviciu	[fe'mee de ser'viʧiu]
porter	hamal (m)	[ha'mal]
doorman	portar (m)	[por'tar]
restaurant	restaurant (n)	[restau'rant]
pub, bar	bar (n)	[bar]
breakfast	micul dejun (n)	['mikul de'ʒun]
dinner	cină (f)	['ʧinə]
buffet	masă suedeză (f)	['masə sue'dezə]
lobby	vestibul (n)	[vesti'bul]
lift	lift (n)	[lift]
DO NOT DISTURB	NU DERANJAŢI!	[nu deran'ʒats]
NO SMOKING	NU FUMAŢI!	[nu fu'mats]

132. Books. Reading

book	carte (f)	['karte]
author	autor (m)	[au'tor]
writer	scriitor (m)	[skrii'tor]
to write (~ a book)	a scrie	[a 'skrie]
reader	cititor (m)	[ʧiti'tor]
to read (vi, vt)	a citi	[a ʧi'ti]
reading (activity)	lectură (f)	[lek'turə]
silently (to oneself)	în gând	[in gind]
aloud (adv)	cu voce tare	[ku 'voʧe 'tare]
to publish (vt)	a publica	[a publi'ka]
publishing (process)	ediţie (f)	[e'ditsie]
publisher	editor (m)	[edi'tor]

publishing house	editură (f)	[edi'turə]
to come out (be released)	a apărea	[a apə'rʲa]
release (of a book)	publicare (f)	[publi'kare]
print run	tiraj (n)	[ti'raʒ]
bookshop	librărie (f)	[librə'rie]
library	bibliotecă (f)	[biblio'tekə]
story (novella)	nuvelă (f)	[nu'velə]
short story	povestire (f)	[poves'tire]
novel	roman (n)	[ro'man]
detective novel	detectiv (n)	[detek'tiv]
memoirs	memorii (n pl)	[me'morij]
legend	legendă (f)	[le'dʒendə]
myth	mit (n)	[mit]
poetry, poems	versuri (n pl)	['versurʲ]
autobiography	autobiografie (f)	[autobiogra'fie]
selected works	opere (f pl) alese	['opere a'lese]
science fiction	fantastică (f)	[fan'tastikə]
title	denumire (f)	[denu'mire]
introduction	prefață (f)	[pre'fatsə]
title page	foaie (f) de titlu	[fo'ae de 'titlu]
chapter	capitol (n)	[ka'pitol]
extract	fragment (n)	[frag'ment]
episode	episod (n)	[epi'zod]
plot (storyline)	subiect (n)	[su'bjekt]
contents	cuprins (n)	[ku'prins]
table of contents	cuprins (n)	[ku'prins]
main character	erou (m) principal	[e'rou printʃi'pal]
volume	volum (n)	[vo'lum]
cover	copertă (f)	[ko'pertə]
binding	copertă (f)	[ko'pertə]
bookmark	semn (n) de carte	[semn de 'karte]
page	pagină (f)	['padʒinə]
to page through	a răsfoi	[a rəsfo'i]
margins	margine (f)	['mardʒine]
annotation (marginal note, etc.)	notă (f) marginală	['notə mardʒi'nalə]
footnote	însemnare (f)	[ĭnsem'nare]
text	text (n)	[tekst]
type, fount	caracter (n)	[karak'ter]
misprint, typo	greşeală (f) de tipar	[gre'ʃalə de ti'par]
translation	traducere (f)	[tra'dutʃere]
to translate (vt)	a traduce	[a tra'dutʃe]
original (n)	original (n)	[oridʒi'nal]
famous (adj)	vestit	[ves'tit]
unknown (not famous)	necunoscut	[nekunos'kut]

interesting (adj)	interesant	[intere'sant]
bestseller	best seller (n)	[best 'seler]
dictionary	dicţionar (n)	[diktsio'nar]
textbook	manual (n)	[manu'al]
encyclopedia	enciclopedie (f)	[entʃiklope'die]

133. Hunting. Fishing

hunting	vânătoare (f)	[vinəto'are]
to hunt (vi, vt)	a vâna	[a vi'na]
hunter	vânător (m)	[vinə'tor]
to shoot (vi)	a trage	[a 'tradʒə]
rifle	armă (f)	['armə]
bullet (shell)	cartuş (n)	[kar'tuʃ]
shot (lead balls)	alice (f)	[a'litʃe]
steel trap	capcană (f)	[kap'kanə]
snare (for birds, etc.)	cursă (f)	['kursə]
to lay a steel trap	a pune capcană	[a 'pune kap'kanə]
poacher	braconier (m)	[brako'njer]
game (in hunting)	vânat (n)	[vi'nat]
hound dog	câine (m) de vânătoare	['kine de vinəto'are]
safari	safari (n)	[sa'fari]
mounted animal	animal (n) împăiat	[ani'mal impə'jat]
fisherman	pescar (m)	[pes'kar]
fishing (angling)	pescuit (n)	[pesku'it]
to fish (vi)	a pescui	[a pesku'i]
fishing rod	undiţă (f)	['unditsə]
fishing line	sfoara (f) undiţei	[sfo'ara 'unditsej]
hook	cârlig (n)	[kir'lig]
float	plută (f)	['plutə]
bait	momeală (f)	[mo'mʲalə]
to cast a line	a arunca undiţa	[a arun'ka 'unditsa]
to bite (ab. fish)	a trage la undiţă	[a 'tradʒe la 'unditsə]
catch (of fish)	pescuit (n)	[pesku'it]
ice-hole	copcă (f)	['kopkə]
fishing net	plasă (f)	['plasə]
boat	barcă (f)	['barkə]
to net (to fish with a net)	a prinde cu plasa	[a 'prinde 'ku 'plasa]
to cast[throw] the net	a arunca plasa	[a arun'ka 'plasa]
to haul the net in	a scoate plasa	[a sko'ate 'plasa]
whaler (person)	vânător (m) de balene	[vanə'tor də 'balenə]
whaleboat	balenieră (f)	[bale'njerə]
harpoon	harpon (n)	[har'pon]

134. Games. Billiards

billiards	biliard (n)	[bi'ljard]
billiard room, hall	sală (f) de biliard	['salə de bi'ljard]
ball (snooker, etc.)	bilă (f)	['bilə]
to pocket a ball	a băga bila	[a bə'ga 'bila]
cue	tac (n)	[tak]
pocket	gaură (f) de biliard	['gaurə de bi'ljard]

135. Games. Playing cards

diamonds	tobă (f)	['tobə]
spades	pică (f)	['pikə]
hearts	cupă (f)	['kupə]
clubs	treflă (f)	['treflə]
ace	as (m)	[as]
king	rege (m)	['redʒe]
queen	damă (f)	['damə]
jack, knave	valet (m)	[va'let]
playing card	carte (f) de joc	['karte de ʒok]
cards	cărți (f pl) de joc	[kərtsʲ de ʒok]
trump	atu (n)	[a'tu]
pack of cards	pachet (n) de cărți de joc	[pa'ket de kərts de ʒok]
to deal (vi, vt)	a împărți	[a impər'tsi]
to shuffle (cards)	a amesteca	[a ameste'ka]
lead, turn (n)	rând (n)	[rind]
cardsharp	trișor (m)	[tri'ʃor]

136. Rest. Games. Miscellaneous

to stroll (vi, vt)	a se plimba	[a se plim'ba]
stroll (leisurely walk)	plimbare (f)	[plim'bare]
car ride	excursie (f)	[eks'kursie]
adventure	aventură (f)	[aven'turə]
picnic	picnic (n)	['piknik]
game (chess, etc.)	joc (n)	[ʒok]
player	jucător (m)	[ʒukə'tor]
game (one ~ of chess)	partidă (f)	[par'tidə]
collector (e.g. philatelist)	colecționar (m)	[kolektsio'nar]
to collect (stamps, etc.)	a colecționa	[a kolektsio'na]
collection	colecție (f)	[ko'lektsie]
crossword puzzle	rebus (n)	['rebus]
racecourse (hippodrome)	hipodrom (n)	[hipo'drom]
disco (discotheque)	discotecă (f)	[disko'tekə]

| sauna | saună (f) | ['saunə] |
| lottery | loterie (f) | [lote'rie] |

camping trip	camping (n)	['kemping]
camp	tabără (f)	['tabərə]
tent (for camping)	cort (n)	[kort]
compass	busolă (f)	[bu'solə]
camper	turist (m)	[tu'rist]

to watch (film, etc.)	a se uita	[a se uj'ta]
viewer	telespectator (m)	[telespekta'tor]
TV show (TV program)	emisiune (f) televizată	[emisi'une televi'zatə]

137. Photography

| camera (photo) | aparat (n) foto | [apa'rat 'foto] |
| photo, picture | fotografie (f) | [fotogra'fie] |

photographer	fotograf (m)	[foto'graf]
photo studio	studio (n) foto	[stu'djo 'foto]
photo album	album (n) foto	[al'bum 'foto]

camera lens	obiectiv (n)	[objek'tiv]
telephoto lens	teleobiectiv (n)	[teleobjek'tiv]
filter	filtru (n)	['filtru]
lens	lentilă (f)	[len'tilə]

optics (high-quality ~)	optică (f)	['optikə]
diaphragm (aperture)	diafragmă (f)	[dia'fragmə]
exposure time (shutter speed)	timp (m) de expunere	['timp de eks'punere]
viewfinder	vizor (n)	[vi'zor]

digital camera	cameră (f) digitală	['kamerə diʤi'talə]
tripod	suport (n)	[su'port]
flash	blitz (n)	[blits]

to photograph (vt)	a fotografia	[a fotografi'ja]
to take pictures	a fotografia	[a fotografi'ja]
to have one's picture taken	a se fotografia	[a se fotografi'ja]

focus	claritate (f)	[klari'tate]
to focus	a îndrepta	[a indrep'ta]
sharp, in focus (adj)	clar	[klar]
sharpness	claritatea (f) imaginii	[klari'tatʲa i'maʤinij]

| contrast | contrast (n) | [kon'trast] |
| contrast (as adj) | de contrast | [de kon'trast] |

picture (photo)	fotografie (f)	[fotogra'fie]
negative (n)	negativ (n)	[nega'tiv]
film (a roll of ~)	film (n)	[film]
frame (still)	cadru (n)	['kadru]
to print (photos)	a tipări	[a tipə'ri]

138. Beach. Swimming

English	Romanian	Pronunciation
beach	plajă (f)	['plaʒə]
sand	nisip (n)	[ni'sip]
deserted (beach)	pustiu	[pus'tiu]
suntan	bronz (n)	[bronz]
to get a tan	a se bronza	[a se bron'za]
tanned (adj)	bronzat	[bron'zat]
sunscreen	cremă (f) pentru bronzat	['kremə 'pentru bron'zat]
bikini	bikini (n)	[bi'kini]
swimsuit, bikini	costum (n) de baie	[kos'tum de 'bae]
swim trunks	slipi (m pl)	[slipʲ]
swimming pool	bazin (n)	[ba'zin]
to swim (vi)	a înota	[a ɨno'ta]
shower	duş (n)	[duʃ]
to change (one's clothes)	a se schimba	[a se skim'ba]
towel	prosop (n)	[pro'sop]
boat	barcă (f)	['barkə]
motorboat	cuter (n)	['kuter]
water ski	schiuri (n pl) pe apă	['skjurʲ pe 'apə]
pedalo	bicicletă (f) pe apă	[bitʃi'kletə pe 'apə]
surfing	surfing (n)	['serfing]
surfer	surfer (m)	['serfer]
scuba set	acvalang (n)	[akva'lang]
flippers (swim fins)	labe (f pl) de înot	['labe de i'not]
mask (diving ~)	mască (f)	['maskə]
diver	scufundător (m)	[skufundə'tor]
to dive (vi)	a se scufunda	[a se skufun'da]
underwater (adv)	sub apă	[sub 'apə]
beach umbrella	umbrelă (f)	[um'brelə]
beach chair (sun lounger)	şezlong (n)	[ʃəz'long]
sunglasses	ochelari (m pl)	[oke'larʲ]
air mattress	saltea (f) de înot	[sal'tʲa de i'not]
to play (amuse oneself)	a juca	[a ʒu'ka]
to go for a swim	a se scălda	[a se skəl'da]
beach ball	minge (f)	['mindʒe]
to inflate (vt)	a umfla	[a um'fla]
inflatable, air (adj)	pneumatic	[pneu'matik]
wave	val (n)	[val]
buoy (line of ~s)	baliză (f)	[ba'lizə]
to drown (ab. person)	a se îneca	[a se ine'ka]
to save, to rescue	a salva	[a sal'va]
life jacket	vestă (f) de salvare	['vestə de sal'vare]
to observe, to watch	a observa	[a obser'va]
lifeguard	salvator (m)	[salva'tor]

TECHNICAL EQUIPMENT. TRANSPORT

Technical equipment

139. Computer

computer	calculator (n)	[kalkula'tor]
notebook, laptop	laptop (n)	[ləp'top]
to turn on	a deschide	[a des'kide]
to turn off	a închide	[a i'nkide]
keyboard	tastatură (f)	[tasta'turə]
key	tastă (f)	['tastə]
mouse	mouse (n)	['maus]
mouse mat	mousepad (n)	[maus'pad]
button	tastă (f)	['tastə]
cursor	cursor (m)	[kur'sor]
monitor	monitor (n)	[moni'tor]
screen	ecran (n)	[e'kran]
hard disk	hard disc (n)	[hard disk]
hard disk capacity	capacitatea (f) hard discului	[kapatʃi'tatʲa 'hard 'diskuluj]
memory	memorie (f)	[me'morie]
random access memory	memorie (f) operativă	[me'morie opera'tivə]
file	fişier (n)	[fiʃi'er]
folder	document (n)	[doku'ment]
to open (vt)	a deschide	[a des'kide]
to close (vt)	a închide	[a i'nkide]
to save (vt)	a păstra	[a pəs'tra]
to delete (vt)	a şterge	[a 'ʃterdʒe]
to copy (vt)	a copia	[a kopi'ja]
to sort (vt)	a sorta	[a sor'ta]
to transfer (copy)	a copia	[a kopi'ja]
programme	program (n)	[pro'gram]
software	programe (n) de aplicaţie	[pro'grame de apli'katsie]
programmer	programator (m)	[programa'tor]
to program (vt)	a programa	[a progra'ma]
hacker	hacker (m)	['haker]
password	parolă (f)	[pa'rolə]
virus	virus (m)	['virus]
to find, to detect	a găsi	[a gə'si]
byte	bait (m)	[bajt]

megabyte	megabyte (m)	[mega'bajt]
data	date (f pl)	['date]
database	bază (f) de date	['bazə de 'date]

cable (USB, etc.)	cablu (n)	['kablu]
to disconnect (vt)	a deconecta	[a dekonek'ta]
to connect (sth to sth)	a conecta	[a konek'ta]

140. Internet. E-mail

Internet	internet (n)	[inter'net]
browser	browser (n)	['brauzer]
search engine	motor (n) de căutare	[mo'tor de kəu'tare]
provider	cablu (n)	['kablu]

webmaster	web master (m)	[web 'master]
website	web site (n)	[web 'sajt]
webpage	pagină (f) web	['padʒinə web]

| address (e-mail ~) | adresă (f) | [a'dresə] |
| address book | registru (n) de adrese | [re'dʒistru de a'drese] |

| postbox | cutie (f) poştală | [ku'tie poʃ'talə] |
| post | corespondenţă (f) | [korespon'dentsə] |

message	mesaj (n)	[me'saʒ]
sender	expeditor (m)	[ekspedi'tor]
to send (vt)	a expedia	[a ekspedi'ja]
sending (of mail)	expediere (f)	[ekspe'djere]

| receiver | destinatar (m) | [destina'tar] |
| to receive (vt) | a primi | [a pri'mi] |

| correspondence | corespondenţă (f) | [korespon'dentsə] |
| to correspond (vi) | a coresponda | [a korespon'da] |

file	fişier (n)	[fiʃi'er]
to download (vt)	a copia	[a kopi'ja]
to create (vt)	a crea	[a 'krʲa]
to delete (vt)	a şterge	[a 'ʃterdʒe]
deleted (adj)	şters	[ʃters]

connection (ADSL, etc.)	conexiune (f)	[koneksi'une]
speed	viteză (f)	[vi'tezə]
modem	modem (n)	[mo'dem]

| access | acces (n) | [ak'tʃes] |
| port (e.g. input ~) | port (n) | [port] |

| connection (make a ~) | conectare (f) | [konek'tare] |
| to connect to ... (vi) | a se conecta | [a se konek'ta] |

| to select (vt) | a alege | [a a'ledʒe] |
| to search (for ...) | a căuta | [a kəu'ta] |

Transport

141. Aeroplane

English	Romanian	Pronunciation
aeroplane	avion (n)	[a'vjon]
air ticket	bilet (n) de avion	[bi'let de a'vjon]
airline	companie (f) aeriană	[kompa'nie aeri'anə]
airport	aeroport (n)	[aero'port]
supersonic (adj)	supersonic	[super'sonik]
captain	comandant (m) de navă	[koman'dant de 'navə]
crew	echipaj (n)	[eki'paʒ]
pilot	pilot (m)	[pi'lot]
stewardess	stewardesă (f)	[stjuar'desə]
navigator	navigator (m)	[naviga'tor]
wings	aripi (f pl)	[a'ripʲ]
tail	coadă (f)	[ko'adə]
cockpit	cabină (f)	[ka'binə]
engine	motor (n)	[mo'tor]
undercarriage (landing gear)	tren (n) de aterizare	[tren de ateri'zare]
turbine	turbină (f)	[tur'binə]
propeller	elice (f)	[e'litʃe]
black box	cutie (f) neagră	[ku'tie 'nʲagrə]
yoke (control column)	manşă (f)	['manʃə]
fuel	combustibil (m)	[kombus'tibil]
safety card	instrucţiune (f)	[instruktsi'une]
oxygen mask	mască (f) cu oxigen	['maskə 'ku oksi'dʒen]
uniform	uniformă (f)	[uni'formə]
lifejacket	vestă (f) de salvare	['vestə de sal'vare]
parachute	paraşută (f)	[para'ʃutə]
takeoff	decolare (f)	[deko'lare]
to take off (vi)	a decola	[a deko'la]
runway	pistă (f) de decolare	['pistə de deko'lare]
visibility	vizibilitate (f)	[vizibili'tate]
flight (act of flying)	zbor (n)	[zbor]
altitude	înălţime (f)	[inəl'tsime]
air pocket	gol de aer (n)	[gol de 'aer]
seat	loc (n)	[lok]
headphones	căşti (f pl)	[kəʃtʲ]
folding tray (tray table)	măsuţă (f) rabatabilă	[mə'sutsə raba'tabilə]
airplane window	hublou (n)	[hu'blou]
aisle	trecere (f)	['tretʃere]

142. Train

train	tren (n)	[tren]
commuter train	tren (n) electric	['tren e'lektrik]
express train	tren (n) accelerat	['tren aktʃele'rat]
diesel locomotive	locomotivă (f) cu motor diesel	[lokomo'tivə ku mo'tor 'dizel]
steam locomotive	locomotivă (f)	[lokomo'tivə]
coach, carriage	vagon (n)	[va'gon]
buffet car	vagon-restaurant (n)	[va'gon restau'rant]
rails	șine (f pl)	['ʃine]
railway	cale (f) ferată	['kale fe'ratə]
sleeper (track support)	traversă (f)	[tra'versə]
platform (railway ~)	peron (n)	[pe'ron]
platform (~ 1, 2, etc.)	linie (f)	['linie]
semaphore	semafor (n)	[sema'for]
station	stație (f)	['statsie]
train driver	mașinist (m)	[maʃi'nist]
porter (of luggage)	hamal (m)	[ha'mal]
carriage attendant	însoțitor (m)	[insotsi'tor]
passenger	pasager (m)	[pasa'dʒer]
ticket inspector	controlor (m)	[kontro'lor]
corridor (in train)	coridor (n)	[kori'dor]
emergency brake	semnal (n) de alarmă	[sem'nal de a'larmə]
compartment	compartiment (n)	[komparti'ment]
berth	cușetă (f)	[ku'ʃetə]
upper berth	patul (n) de sus	['patul de sus]
lower berth	patul (n) de jos	['patul de ʒos]
bed linen, bedding	lenjerie (f) de pat	[lenʒe'rie de pat]
ticket	bilet (n)	[bi'let]
timetable	orar (n)	[o'rar]
information display	panou (n)	[pa'nou]
to leave, to depart	a pleca	[a ple'ka]
departure (of train)	plecare (f)	[ple'kare]
to arrive (ab. train)	a sosi	[a so'si]
arrival	sosire (f)	[so'sire]
to arrive by train	a veni cu trenul	[a ve'ni ku 'trenul]
to get on the train	a se așeza în tren	[a se aʃe'za in tren]
to get off the train	a coborî din tren	[a kobo'rɨ din tren]
train crash	accident (n) de tren	[aktʃi'dent de tren]
steam locomotive	locomotivă (f)	[lokomo'tivə]
stoker, fireman	fochist (m)	[fo'kist]
firebox	focar (n)	[fo'kar]
coal	cărbune (m)	[kər'bune]

143. Ship

ship	corabie (f)	[ko'rabie]
vessel	navă (f)	['navə]
steamship	vapor (n)	[va'por]
riverboat	motonavă (f)	[moto'navə]
cruise ship	vas (n) de croazieră	[vas de kroa'zjerə]
cruiser	crucişător (n)	[krutʃiʃə'tor]
yacht	iaht (n)	[jaht]
tugboat	remorcher (n)	[remor'ker]
barge	şlep (n)	[ʃlep]
ferry	bac (n)	[bak]
sailing ship	velier (n)	[ve'ljer]
brigantine	brigantină (f)	[brigan'tinə]
ice breaker	spărgător (n) de gheaţă	[spərgə'tor de 'gʲatsə]
submarine	submarin (n)	[subma'rin]
boat (flat-bottomed ~)	barcă (f)	['barkə]
dinghy	şalupă (f)	[ʃa'lupə]
lifeboat	şalupă (f) de salvare	[ʃa'lupə de sal'vare]
motorboat	cuter (n)	['kuter]
captain	căpitan (m)	[kəpi'tan]
seaman	marinar (m)	[mari'nar]
sailor	marinar (m)	[mari'nar]
crew	echipaj (n)	[eki'paʒ]
boatswain	şef (m) de echipaj	[ʃef de eki'paʒ]
ship's boy	mus (m)	[mus]
cook	bucătar (m)	[bukə'tar]
ship's doctor	medic (m) pe navă	['medik pe 'navə]
deck	teugă (f)	[te'ugə]
mast	catarg (n)	[ka'targ]
sail	velă (f)	['velə]
hold	cală (f)	['kalə]
bow (prow)	proră (f)	['prorə]
stern	pupă (f)	['pupə]
oar	vâslă (f)	['vislə]
screw propeller	elice (f)	[e'litʃe]
cabin	cabină (f)	[ka'binə]
wardroom	salonul (n) ofiţerilor	[sa'lonul ofi'tserilor]
engine room	sala (f) maşinilor	['sala ma'ʃinilor]
bridge	punte (f) de comandă	['punte de ko'mandə]
radio room	staţie (f) de radio	['statsie de 'radio]
wave (radio)	undă (f)	['undə]
logbook	jurnal (n) de bord	[ʒur'nal de bord]
spyglass	lunetă (f)	[lu'netə]
bell	clopot (n)	['klopot]

flag	steag (n)	['st'ag]
hawser (mooring ~)	parâmă (f)	[pa'rɨmə]
knot (bowline, etc.)	nod (n)	[nod]

| deckrails | bară (f) | ['barə] |
| gangway | pasarelă (f) | [pasa'relə] |

anchor	ancoră (f)	['ankorə]
to weigh anchor	a ridica ancora	[a ridi'ka 'ankora]
to drop anchor	a ancora	[a anko'ra]
anchor chain	lanţ (n) de ancoră	[lants de 'ankorə]

port (harbour)	port (n)	[port]
quay, wharf	acostare (f)	[akos'tare]
to berth (moor)	a acosta	[a akos'ta]
to cast off	a demara	[a dema'ra]

trip, voyage	călătorie (f)	[kələto'rie]
cruise (sea trip)	croazieră (f)	[kroa'zjerə]
course (route)	direcţie (f)	[di'rektsie]
route (itinerary)	rută (f)	['rutə]

fairway (safe water channel)	cale (f) navigabilă	['kale navi'gabilə]
shallows	banc (n) de nisip	[bank de ni'sip]
to run aground	a se împotmoli	[a se impotmo'li]

storm	furtună (f)	[fur'tunə]
signal	semnal (n)	[sem'nal]
to sink (vi)	a se scufunda	[a se skufun'da]
SOS (distress signal)	SOS	[sos]
ring buoy	colac (m) de salvare	[ko'lak de sal'vare]

144. Airport

airport	aeroport (n)	[aero'port]
aeroplane	avion (n)	[a'vjon]
airline	companie (f) aeriană	[kompa'nie aeri'anə]
air traffic controller	dispecer (n)	[dis'petʃer]

departure	decolare (f)	[deko'lare]
arrival	aterizare (f)	[ateri'zare]
to arrive (by plane)	a ateriza	[a ateri'za]

| departure time | ora (f) decolării | ['ora dekolərij] |
| arrival time | ora (f) aterizării | ['ora aterizərij] |

| to be delayed | a întârzia | [a intɨr'zija] |
| flight delay | întârzierea (f) zborului | [intɨrzjer'a 'zboruluj] |

information board	panou (n)	[pa'nou]
information	informaţie (f)	[infor'matsie]
to announce (vt)	a anunţa	[a anun'tsa]
flight (e.g. next ~)	cursă (f)	['kursə]
customs	vamă (f)	['vamə]

customs officer	vameș (m)	['vameʃ]
customs declaration	declarație (f)	[dekla'ratsie]
to fill in (vt)	a completa	[a komple'ta]
to fill in the declaration	a completa declarația	[a komple'ta dekla'ratsija]
passport control	controlul (n) pașapoartelor	[kon'trolul paʃapo'artelor]

luggage	bagaj (n)	[ba'gaʒ]
hand luggage	bagaj (n) de mână	[ba'gaʒ de 'minə]
luggage trolley	cărucior (n) pentru bagaj	[kəru'tʃior 'pentru ba'gaʒ]

landing	aterizare (f)	[ateri'zare]
landing strip	pistă (f) de aterizare	['pistə de ateri'zare]
to land (vi)	a ateriza	[a ateri'za]
airstair (passenger stair)	scară (f)	['skarə]

check-in	înregistrare (f)	[inredʒis'trare]
check-in counter	birou (n) de înregistrare	[bi'rou de inredʒis'trare]
to check-in (vi)	a se înregistra	[a se inredʒis'tra]
boarding card	număr (n) de bord	['numər de bord]
departure gate	debarcare (f)	[debar'kare]

transit	tranzit (n)	['tranzit]
to wait (vt)	a aștepta	[a aʃtep'ta]
departure lounge	sală (f) de așteptare	['salə de aʃtep'tare]
to see off	a conduce	[a kon'dutʃe]
to say goodbye	a-și lua rămas bun	[aʃ lu'a rə'mas bun]

145. Bicycle. Motorcycle

bicycle	bicicletă (f)	[bitʃi'kletə]
scooter	scuter (n)	['skuter]
motorbike	motocicletă (f)	[mototʃi'kletə]

to go by bicycle	a merge cu bicicleta	[a 'merdʒe ku bitʃik'leta]
handlebars	ghidon (n)	[gi'don]
pedal	pedală (f)	[pe'dalə]
brakes	frână (f)	['frinə]
bicycle seat (saddle)	șa (f)	[ʃa]

pump	pompă (f)	['pompə]
pannier rack	portbagaj (n)	[portba'gaʒ]
front lamp	felinar (n)	[feli'nar]
helmet	cască (f)	['kaskə]

wheel	roată (f)	[ro'atə]
mudguard	aripă (f)	[a'ripə]
rim	obada (f) roții	[o'bada 'rotsij]
spoke	spiță (f)	['spitsə]

Cars

146. Types of cars

car	automobil (n)	[automo'bil]
sports car	automobil (n) sport	[automo'bil 'sport]
limousine	limuzină (f)	[limu'zinə]
off-road vehicle	vehicul (n) de teren (n)	[ve'hikul de te'ren]
drophead coupé (convertible)	cabrioletă (f)	[kabrio'letə]
minibus	microbuz (n)	[mikro'buz]
ambulance	ambulanţă (f)	[ambu'lantsə]
snowplough	maşină (f) de deszăpezire	[ma'ʃinə de deszəpe'zire]
lorry	autocamion (n)	[autoka'mjon]
road tanker	autocisternă (f) pentru combustibil	[autotʃis'ternə 'pentru kombus'tibil]
van (small truck)	furgon (n)	[fur'gon]
tractor unit	remorcher (n)	[remor'ker]
trailer	remorcă (f)	[re'morkə]
comfortable (adj)	confortabil	[konfor'tabil]
used (adj)	uzat	[u'zat]

147. Cars. Bodywork

bonnet	capotă (f)	[ka'potə]
wing	aripă (f)	[a'ripə]
roof	acoperiş (n)	[akope'riʃ]
windscreen	parbriz (n)	[par'briz]
rear-view mirror	oglindă (f) retrovizoare	[og'lində retrovizo'are]
windscreen washer	ştergător (n)	[ʃtergə'tor]
windscreen wipers	ştergător (n) de parbriz	[ʃtergə'tor de par'briz]
side window	fereastră (f) laterală	[fe'rʲastrə late'ralə]
electric window	macara (f) de geam	[maka'ra de dʒʲam]
aerial	antenă (f)	[an'tenə]
sunroof	trapă (f)	['trapə]
bumper	amortizor (n)	[amorti'zor]
boot	portbagaj (n)	[portba'gaʒ]
door	portieră (f)	[por'tjerə]
door handle	mâner (n)	[mɨ'ner]
door lock	încuietoare (f)	[ɨnkueto'are]
number plate	număr (n)	['numər]
silencer	tobă (f)	['tobə]

| petrol tank | rezervor (n) de benzină | [rezer'vor de ben'zinə] |
| exhaust pipe | ţeavă (f) de eşapament | ['tsʲavə de eʃapa'ment] |

accelerator	gaz (n)	[gaz]
pedal	pedală (f)	[pe'dalə]
accelerator pedal	pedală (f) de acceleraţie	[pe'dalə de aktʃele'ratsie]

brake	frână (f)	['frinə]
brake pedal	pedală (f) de frână	[pe'dalə de 'frinə]
to brake (use the brake)	a frâna	[a fri'na]
handbrake	frână (f) de staţionare	['frinə de statsio'nare]

clutch	ambreiaj (n)	[ambre'jaʒ]
clutch pedal	pedală (f) de ambreiaj	[pe'dalə de ambre'jaʒ]
clutch disc	disc (n) de ambreiaj	['disk de ambre'jaʒ]
shock absorber	amortizor (n)	[amorti'zor]

wheel	roată (f)	[ro'atə]
spare tyre	roată (f) de rezervă	[ro'atə de re'zervə]
wheel cover (hubcap)	capac (n)	[ka'pak]

driving wheels	roţi (f pl) de tracţiune	['rotsʲ de traktsi'une]
front-wheel drive (as adj)	tracţiune (f) frontală	[traktsi'une fron'talə]
rear-wheel drive (as adj)	tracţiune (f) spate	[traktsi'une 'spate]
all-wheel drive (as adj)	tracţiune (f) integrală	[traktsi'une inte'gralə]

gearbox	cutie (f) de viteză	[ku'tie de vi'tezə]
automatic (adj)	automat	[auto'mat]
mechanical (adj)	mecanic	[me'kanik]
gear lever	manetă (f) de viteze	[ma'netə de vi'teze]

| headlamp | far (n) | [far] |
| headlights | faruri (n pl) | ['farurʲ] |

dipped headlights	fază (f) mică	['fazə 'mikə]
full headlights	fază (f) mare	['fazə 'mare]
brake light	semnal (n) de oprire	[sem'nal de o'prire]

sidelights	semn (n) de gabarit	[semn de gaba'rit]
hazard lights	lumini (f) de avarie	[lu'minʲ de a'varie]
fog lights	faruri (n pl) anticeaţă	['farurʲ anti'tʃatsə]
turn indicator	mecanism (n) de direcţie	[meka'nism de di'rektsie]
reversing light	marşarier (n)	[marʃari'er]

148. Cars. Passenger compartment

car inside (interior)	interior (n)	[inte'rjor]
leather (as adj)	de piele	[de 'pjele]
velour (as adj)	de catifea	[de kati'fʲa]
upholstery	tapiţare (f)	[tapi'tsare]

instrument (gage)	dispozitiv (n)	[dispozi'tiv]
dashboard	panou (n) de comandă	[pa'nou de ko'mandə]
speedometer	vitezometru (n)	[vitezo'metru]

needle (pointer)	ac (n)	[ak]
mileometer	contor (n)	[kon'tor]
indicator (sensor)	indicator (n)	[indika'tor]
level	nivel (n)	[ni'vel]
warning light	bec (n)	[bek]
steering wheel	volan (n)	[vo'lan]
horn	claxon (n)	[klak'son]
button	buton (n)	[bu'ton]
switch	schimbător (n) de viteză	[skimbə'tor de vi'tezə]
seat	scaun (n)	['skaun]
backrest	spătar (n)	[spə'tar]
headrest	tetieră (f)	[te'tjerə]
seat belt	centură (f) de siguranță	[tʃen'turə de sigu'rantsə]
to fasten the belt	a pune centura de siguranță	[a 'pune tʃen'tura de sigu'rantsə]
adjustment (of seats)	reglare (f)	[re'glare]
airbag	airbag (n)	['erbeg]
air-conditioner	aer (n) condiționat	['aer konditsio'nat]
radio	radio (n)	['radio]
CD player	CD player (n)	[si'di 'pleer]
to turn on	a deschide	[a des'kide]
aerial	antenă (f)	[an'tenə]
glove box	torpedou (m)	[torpe'dou]
ashtray	scrumieră (f)	[skru'mjerə]

149. Cars. Engine

engine, motor	motor (n)	[mo'tor]
diesel (as adj)	diesel	['dizel]
petrol (as adj)	pe benzină	[pe ben'zinə]
engine volume	capacitatea (n) motorului	[kapatʃi'tat'a mo'toruluj]
power	putere (f)	[pu'tere]
horsepower	cal-putere (m)	[kal pu'tere]
piston	piston (m)	[pis'ton]
cylinder	cilindru (m)	[tʃi'lindru]
valve	supapă (f)	[su'papə]
injector	injector (n)	[inʒek'tor]
generator (alternator)	generator (n)	[dʒenera'tor]
carburettor	carburator (n)	[karbura'tor]
motor oil	ulei (n) pentru motor	[u'lej 'pentru mo'tor]
radiator	radiator (n)	[radia'tor]
coolant	antigel (n)	[anti'dʒel]
cooling fan	ventilator (n)	[ventila'tor]
battery (accumulator)	acumulator (n)	[akumula'tor]
starter	demaror (n)	[dema'ror]
ignition	aprindere (f)	[a'prindere]

sparking plug	bujie (f) de aprindere	[bu'ʒie de a'prindere]
terminal (of battery)	bornă (f)	['bornə]
positive terminal	plus (n)	[plus]
negative terminal	minus (m)	['minus]
fuse	siguranţă (f)	[sigu'rantsə]
air filter	filtru (n) de aer	['filtru de 'aer]
oil filter	filtru (n) pentru ulei	['filtru 'pentru u'lej]
fuel filter	filtru (n) pentru combustibil	['filtru 'pentru kombus'tibil]

150. Cars. Crash. Repair

car crash	accident (n)	[aktʃi'dent]
traffic accident	accident (n) rutier	[aktʃi'dent ru'tjer]
to crash (into the wall, etc.)	a se tampona	[a se tampo'na]
to get smashed up	a se sparge	[a se 'spardʒe]
damage	avariere (f)	[ava'rjere]
intact (unscathed)	întreg	[in'treg]
breakdown	pană (f)	['panə]
to break down (vi)	a se strica	[a se stri'ka]
towrope	cablu (n) de remorcaj	['kablu de remor'kaʒ]
puncture	găurire (f)	[gəu'rire]
to have a puncture	a se dezumfla	[a se dezum'fla]
to pump up	a pompa	[a pom'pa]
pressure	presiune (f)	[presi'une]
to check (to examine)	a verifica	[a verifi'ka]
repair	reparaţie (f)	[repa'ratsie]
auto repair shop	service (n) auto	['servis 'auto]
spare part	detalii (f pl)	[de'talij]
part	detaliu (n)	[de'talju]
bolt (with nut)	şurub (n)	[ʃu'rub]
screw (fastener)	şurub (n)	[ʃu'rub]
nut	piuliţă (f)	[pju'litsə]
washer	şaibă (f)	['ʃajbə]
bearing (e.g. ball ~)	rulment (m)	[rul'ment]
tube	tub (n)	[tub]
gasket (head ~)	garnitură (f)	[garni'turə]
cable, wire	cablu (n)	['kablu]
jack	cric (n)	[krik]
spanner	cheie (f) fixă	['kee 'fiksə]
hammer	ciocan (n)	[tʃio'kan]
pump	pompă (f)	['pompə]
screwdriver	şurubelniţă (f)	[ʃuru'belnitsə]
fire extinguisher	stingător (n)	[stingə'tor]
warning triangle	semn (n) de avarie	[semn de a'varie]
to stall (vi)	a se opri	[a se o'pri]
stall (n)	oprire (f)	[o'prire]

to be broken	a fi stricat	[a fi stri'kat]
to overheat (vi)	a se încălzi	[a se inkəl'zi]
to be clogged up	a se înfunda	[a se infun'da]
to freeze up (pipes, etc.)	a îngheța	[a inge'tsa]
to burst (vi, ab. tube)	a crăpa	[a krə'pa]

pressure	presiune (f)	[presi'une]
level	nivel (n)	[ni'vel]
slack (~ belt)	scăzut	[skə'zut]

dent	îndoitură (f)	[indoi'turə]
knocking noise (engine)	lovitură (f)	[lovi'turə]
crack	crăpătură (f)	[krəpə'turə]
scratch	zgârietură (f)	[zgirie'turə]

151. Cars. Road

road	drum (n)	[drum]
motorway	autostradă (f)	[auto'stradə]
highway	șosea (f)	[ʃo'sʲa]
direction (way)	direcție (f)	[di'rektsie]
distance	distanță (f)	[dis'tantsə]

bridge	pod (n)	[pod]
car park	loc (n) de parcare	[lok de par'kare]
square	piață (f)	['pjatsə]
road junction	răscruce (f)	[rəs'krutʃe]
tunnel	tunel (n)	[tu'nel]

petrol station	benzinărie (f)	[benzinə'rie]
car park	parcare (f)	[par'kare]
petrol pump	stație (f) de benzină	['statsie de ben'zinə]
auto repair shop	garaj (n)	[ga'raʒ]
to fill up	a alimenta	[a alimen'ta]
fuel	combustibil (m)	[kombus'tibil]
jerrycan	canistră (f)	[ka'nistrə]

asphalt, tarmac	asfalt (n)	[as'falt]
road markings	marcare (f)	[mar'kare]
kerb	bordură (f)	[bor'durə]
crash barrier	îngrădire (f)	[ingrə'dire]
ditch	șanț (n) de scurgere	[ʃants de 'skurdʒere]
roadside (shoulder)	margine (f)	['mardʒine]
lamppost	stâlp (m)	[stɨlp]

to drive (a car)	a conduce	[a kon'dutʃe]
to turn (e.g., ~ left)	a întoarce	[a into'artʃe]
to make a U-turn	a vira	[a vi'ra]
reverse (~ gear)	mers (n) înapoi	['mers ina'poj]

to honk (vi)	a semnaliza	[a semnali'za]
honk (sound)	semnal (n) acustic	[sem'nal a'kustik]
to get stuck (in the mud, etc.)	a se împotmoli	[a se impotmo'li]
to spin the wheels	a remorca	[a remor'ka]

to cut, to turn off (vt)	a opri	[a op'ri]
speed	viteză (f)	[vi'tezə]
to exceed the speed limit	a depăşi viteza	[a depə'ʃi vi'teza]
to give a ticket	a amenda	[a amen'da]
traffic lights	semafor (n)	[sema'for]
driving licence	permis (n) de conducere	[per'mis de kon'dutʃere]

level crossing	traversare (f)	[traver'sare]
crossroads	intersecţie (f)	[inter'sektsie]
zebra crossing	trecere (f) de pietoni	['tretʃere de pie'tonʲ]
bend, curve	curbă (f)	['kurbə]
pedestrian precinct	zonă (f) pentru pietoni	['zonə 'pentru pie'tonʲ]

PEOPLE. LIFE EVENTS

Life events

152. Holidays. Event

celebration, holiday	sărbătoare (f)	[sərbəto'are]
national day	sărbătoare (f) naţională	[sərbəto'are natsio'nalə]
public holiday	zi (f) de sărbătoare	[zi de sərbəto'are]
to commemorate (vt)	a sărbători	[a sərbəto'ri]
event (happening)	eveniment (n)	[eveni'ment]
event (organized activity)	manifestare (f)	[manifes'tare]
banquet (party)	banchet (n)	[ban'ket]
reception (formal party)	recepţie (f)	[re'tʃeptsie]
feast	ospăţ (n)	[os'pəts]
anniversary	aniversare (f)	[aniver'sare]
jubilee	jubileu (n)	[ʒubi'leu]
to celebrate (vt)	a sărbători	[a sərbəto'ri]
New Year	Anul (m) Nou	['anul 'nou]
Happy New Year!	La Mulţi Ani!	[la 'multsʲ anʲ]
Christmas	Crăciun (n)	[krə'tʃiun]
Merry Christmas!	Crăciun Fericit!	[krə'tʃiun feri'tʃit]
Christmas tree	pom (m) de Crăciun	[pom de krə'tʃiun]
fireworks (fireworks show)	artificii (n)	[arti'fitʃij]
wedding	nuntă (f)	['nuntə]
groom	mire (m)	['mire]
bride	mireasă (f)	[mi'rʲasə]
to invite (vt)	a invita	[a invi'ta]
invitation card	invitaţie (f)	[invi'tatsie]
guest	oaspete (m)	[o'aspete]
to visit (~ your parents, etc.)	a merge în ospeţie	[a 'merdʒe ɨn ospe'tsie]
to meet the guests	a întâmpina oaspeţii	[a ɨntɨmpi'na o'aspetsij]
gift, present	cadou (n)	[ka'dou]
to give (sth as present)	a dărui	[a dəru'i]
to receive gifts	a primi cadouri	[a pri'mi ka'dourʲ]
bouquet (of flowers)	buchet (n)	[bu'ket]
congratulations	urare (f)	[u'rare]
to congratulate (vt)	a felicita	[a felitʃi'ta]
greetings card	felicitare (f)	[felitʃi'tare]
to send a postcard	a expedia o felicitare	[a ekspedi'ja o felitʃi'tare]

to get a postcard	a primi o felicitare	[a pri'mi o felitʃi'tare]
toast	toast (n)	[tost]
to offer (a drink, etc.)	a servi	[a ser'vi]
champagne	şampanie (f)	[ʃam'panie]

to enjoy oneself	a se veseli	[a se vese'li]
merriment (gaiety)	veselie (f)	[vese'lie]
joy (emotion)	bucurie (f)	[buku'rie]

| dance | dans (n) | [dans] |
| to dance (vi, vt) | a dansa | [a dan'sa] |

| waltz | vals (n) | [vals] |
| tango | tangou (n) | [tan'gou] |

153. Funerals. Burial

cemetery	cimitir (n)	[tʃimi'tir]
grave, tomb	mormânt (n)	[mor'mɨnt]
cross	cruce (f)	['krutʃe]
gravestone	piatră funerară (n)	['pjatrə fune'rarə]
fence	gard (n)	[gard]
chapel	capelă (f)	[ka'pelə]

death	moarte (f)	[mo'arte]
to die (vi)	a muri	[a mu'ri]
the deceased	mort (m)	[mort]
mourning	doliu (n)	['dolju]

to bury (vt)	a îngropa	[a ɨngro'pa]
undertakers	pompe (f pl) funebre	['pompe fu'nebre]
funeral	înmormântare (f)	[ɨnmormɨn'tare]

wreath	cunună (f)	[ku'nunə]
coffin	sicriu (n)	[si'kriu]
hearse	dric (n)	[drik]
shroud	giulgiu (n)	['ʤiulʤiu]

| funerary urn | urnă (f) funerară | ['urnə fune'rarə] |
| crematorium | crematoriu (n) | [krema'torju] |

obituary	necrolog (m)	[nekro'log]
to cry (weep)	a plânge	[a 'plɨnʤe]
to sob (vi)	a plânge în hohote	[a 'plɨnʤe ɨn 'hohote]

154. War. Soldiers

platoon	pluton (n)	[plu'ton]
company	companie (f)	[kompa'nie]
regiment	regiment (n)	[reʤi'ment]
army	armată (f)	[ar'matə]
division	divizie (f)	[di'vizie]

section, squad	detaşament (n)	[detaʃa'ment]
host (army)	armată (f)	[ar'matə]
soldier	soldat (m)	[sol'dat]
officer	ofiţer (m)	[ofi'tser]
private	soldat (m)	[sol'dat]
sergeant	sergent (m)	[ser'dʒent]
lieutenant	locotenent (m)	[lokote'nent]
captain	căpitan (m)	[kəpi'tan]
major	maior (m)	[ma'jor]
colonel	colonel (m)	[kolo'nel]
general	general (m)	[dʒene'ral]
sailor	marinar (m)	[mari'nar]
captain	căpitan (m)	[kəpi'tan]
boatswain	şef (m) de echipaj	[ʃef de eki'paʒ]
artilleryman	artilerist (m)	[artile'rist]
paratrooper	paraşutist (m)	[paraʃu'tist]
pilot	pilot (m)	[pi'lot]
navigator	navigator (m)	[naviga'tor]
mechanic	mecanic (m)	[me'kanik]
pioneer (sapper)	genist (m)	[dʒe'nist]
parachutist	paraşutist (m)	[paraʃu'tist]
reconnaissance scout	cercetaş (m)	[tʃertʃe'taʃ]
sniper	lunetist (m)	[lune'tist]
patrol (group)	patrulă (f)	[pa'trulə]
to patrol (vt)	a patrula	[a patru'la]
sentry, guard	santinelă (f)	[santi'nelə]
warrior	ostaş (m)	[os'taʃ]
patriot	patriot (m)	[patri'ot]
hero	erou (m)	[e'rou]
heroine	eroină (f)	[ero'inə]
traitor	trădător (m)	[trədə'tor]
deserter	dezertor (m)	[dezer'tor]
to desert (vi)	a dezerta	[a dezer'ta]
mercenary	mercenar (m)	[mertʃe'nar]
recruit	recrut (m)	[re'krut]
volunteer	voluntar (m)	[volun'tar]
dead (n)	ucis (m)	[u'tʃis]
wounded (n)	rănit (m)	[rə'nit]
prisoner of war	prizonier (m)	[prizo'njer]

155. War. Military actions. Part 1

war	război (n)	[rəz'boj]
to be at war	a lupta	[a lup'ta]

civil war	război (n) civil	[rəz'boj tʃi'vil]
treacherously (adv)	în mod perfid	[in mod per'fid]
declaration of war	declarare (f)	[dekla'rare]
to declare (~ war)	a declara	[a dekla'ra]
aggression	agresiune (f)	[agresi'une]
to attack (invade)	a ataca	[a ata'ka]

to invade (vt)	a captura	[a kaptu'ra]
invader	cotropitor (m)	[kotropi'tor]
conqueror	cuceritor (m)	[kutʃeri'tor]

defence	apărare (f)	[apə'rare]
to defend (a country, etc.)	a apăra	[a apə'ra]
to defend (against ...)	a se apăra	[a se apə'ra]

enemy	duşman (m)	[duʃ'man]
foe, adversary	adversar (m)	[adver'sar]
enemy (as adj)	duşmănos	[duʃmə'nos]

| strategy | strategie (f) | [strate'dʒie] |
| tactics | tactică (f) | ['taktikə] |

order	ordin (n)	['ordin]
command (order)	comandă (f)	[ko'mandə]
to order (vt)	a ordona	[a ordo'na]
mission	misiune (f)	[misi'une]
secret (adj)	secret	[se'kret]

| battle | bătălie (f) | [bətə'lie] |
| combat | luptă (f) | ['luptə] |

attack	atac (n)	[a'tak]
charge (assault)	asalt (n)	[a'salt]
to storm (vt)	a asalta	[a asal'ta]
siege (to be under ~)	asediu (n)	[a'sedju]

| offensive (n) | atac (n) | [a'tak] |
| to go on the offensive | a ataca | [a ata'ka] |

| retreat | retragere (f) | [re'tradʒere] |
| to retreat (vi) | a se retrage | [a se re'tradʒe] |

| encirclement | încercuire (f) | [intʃerku'ire] |
| to encircle (vt) | a încercui | [a intʃerku'i] |

bombing (by aircraft)	bombardament (n)	[bombarda'ment]
to drop a bomb	a arunca o bombă	[a arun'ka o 'bombə]
to bomb (vt)	a bombarda	[a bombar'da]
explosion	explozie (f)	[eks'plozie]

shot	împuşcătură (f)	[impuʃkə'turə]
to fire (~ a shot)	a împuşca	[a impuʃ'ka]
firing (burst of ~)	foc (n)	[fok]

| to aim (to point a weapon) | a ţinti | [a tsin'ti] |
| to point (a gun) | a îndrepta | [a indrep'ta] |

to hit (the target)	a nimeri	[a nime'ri]
to sink (~ a ship)	a scufunda	[a skufun'da]
hole (in a ship)	gaură (f)	['gaurə]
to founder, to sink (vi)	a se scufunda	[a se skufun'da]

front (war ~)	front (n)	[front]
evacuation	evacuare (f)	[evaku'are]
to evacuate (vt)	a evacua	[a evaku'a]

trench	tranşee (f)	[tran'ʃee]
barbed wire	sârmă (f) ghimpată	['sɨrmə gim'patə]
barrier (anti tank ~)	îngrădire (f)	[ingrə'dire]
watchtower	turlă (f)	['turlə]

military hospital	spital (n)	[spi'tal]
to wound (vt)	a răni	[a rə'ni]
wound	rană (f)	['ranə]
wounded (n)	rănit (m)	[rə'nit]
to be wounded	a fi rănit	[a fi rə'nit]
serious (wound)	serios	[se'rjos]

156. Weapons

weapons	armă (f)	['armə]
firearms	armă (f) de foc	['armə de fok]
cold weapons (knives, etc.)	armă (f) albă	['armə 'albə]

chemical weapons	armă (f) chimică	['armə 'kimikə]
nuclear (adj)	nuclear	[nukle'ar]
nuclear weapons	armă (f) nucleară	['armə nukle'arə]

| bomb | bombă (f) | ['bombə] |
| atomic bomb | bombă (f) atomică | ['bombə a'tomikə] |

pistol (gun)	pistol (n)	[pis'tol]
rifle	armă (f)	['armə]
submachine gun	automat (n)	[auto'mat]
machine gun	mitralieră (f)	[mitra'ljerə]

muzzle	gură (f)	['gurə]
barrel	ţeavă (f)	['tsʲavə]
calibre	calibru (n)	[ka'libru]

trigger	cocoş (m)	[ko'koʃ]
sight (aiming device)	înălţător (n)	[inəltsə'tor]
magazine	magazie (f)	[maga'zie]
butt (shoulder stock)	patul (n) de puşcă	['patul de 'puʃka]

| hand grenade | grenadă (f) | [gre'nadə] |
| explosive | exploziv (n) | [eksplo'ziv] |

bullet	glonţ (n)	[glonts]
cartridge	cartuş (n)	[kar'tuʃ]
charge	încărcătură (f)	[inkərkə'turə]

ammunition	muniții (f pl)	[mu'nitsij]
bomber (aircraft)	bombardier (n)	[bombar'djer]
fighter	distrugător (n)	[distrugə'tor]
helicopter	elicopter (n)	[elikop'ter]
anti-aircraft gun	tun (n) antiaerian	[tun antiaeri'an]
tank	tanc (n)	[tank]
tank gun	tun (n)	[tun]
artillery	artilerie (f)	[artile'rie]
to lay (a gun)	a îndrepta	[a îndrep'ta]
shell (projectile)	proiectil (n)	[proek'til]
mortar bomb	mină (f)	['minə]
mortar	aruncător (n) de mine	[arunkə'tor de 'mine]
splinter (shell fragment)	schijă (f)	['skiʒə]
submarine	submarin (n)	[subma'rin]
torpedo	torpilă (f)	[tor'pilə]
missile	rachetă (f)	[ra'ketə]
to load (gun)	a încărca	[a înkər'ka]
to shoot (vi)	a trage	[a 'tradʒə]
to point at (the cannon)	a ținti	[a tsin'ti]
bayonet	baionetă (f)	[bajo'netə]
rapier	spadă (f)	['spadə]
sabre (e.g. cavalry ~)	sabie (f)	['sabie]
spear (weapon)	suliță (f)	['sulitsə]
bow	arc (n)	[ark]
arrow	săgeată (f)	[sə'dʒʲatə]
musket	flintă (f)	['flintə]
crossbow	arbaletă (f)	[arba'letə]

157. Ancient people

primitive (prehistoric)	primitiv	[primi'tiv]
prehistoric (adj)	preistoric	[preis'torik]
ancient (~ civilization)	străvechi	[strə'veki]
Stone Age	Epoca (f) de piatră	['epoka de 'pjatrə]
Bronze Age	Epoca (f) de bronz	['epoka de 'bronz]
Ice Age	Epoca (f) glaciară	['epoka glatʃi'arə]
tribe	trib (n)	[trib]
cannibal	canibal (m)	[kani'bal]
hunter	vânător (m)	[vinə'tor]
to hunt (vi, vt)	a vâna	[a vi'na]
mammoth	mamut (m)	[ma'mut]
cave	peșteră (f)	['peʃterə]
fire	foc (n)	[fok]
campfire	foc (n) de tabără	[fok də ta'bərə]
cave painting	desen (n) pe piatră	[de'sen pe 'pjatrə]

tool (e.g. stone axe)	unealtă (f)	[u'nʲaltə]
spear	suliță (f)	['sulitsə]
stone axe	topor (n) de piatră	[to'por din 'pjatrə]
to be at war	a lupta	[a lup'ta]
to domesticate (vt)	a domestici	[a domesti'tʃi]

idol	idol (m)	['idol]
to worship (vt)	a se închina	[a se ɨnki'na]
superstition	superstiție (f)	[supers'titsie]

evolution	evoluție (f)	[evo'lutsie]
development	dezvoltare (f)	[dezvol'tare]
disappearance (extinction)	dispariție (f)	[dispa'ritsie]
to adapt oneself	a se acomoda	[a se akomo'da]

archaeology	arheologie (f)	[arheolo'dʒie]
archaeologist	arheolog (m)	[arheo'log]
archaeological (adj)	arheologic	[arheo'lodʒik]

excavation site	săpături (f pl)	[səpə'turʲ]
excavations	săpături (f pl)	[səpə'turʲ]
find (object)	descoperire (f)	[deskope'rire]
fragment	fragment (n)	[frag'ment]

158. Middle Ages

people (ethnic group)	popor (n)	[po'por]
peoples	popoare (n pl)	[popo'are]
tribe	trib (n)	[trib]
tribes	triburi (n pl)	['triburʲ]

barbarians	barbari (m pl)	[bar'barʲ]
Gauls	gali (m pl)	[galʲ]
Goths	goți (m pl)	[gotsʲ]
Slavs	slavi (m pl)	[slavʲ]
Vikings	vikingi (m pl)	['vikindʒʲ]

Romans	romani (m pl)	[ro'manʲ]
Roman (adj)	roman	[ro'man]

Byzantines	bizantinieni (m pl)	[bizantini'enʲ]
Byzantium	Imperiul (n) Bizant	[im'perjul bizan'tin]
Byzantine (adj)	bizantin	[bizan'tin]

emperor	împărat (m)	[ɨmpə'rat]
leader, chief (tribal ~)	căpetenie (f)	[kəpe'tenie]
powerful (~ king)	puternic	[pu'ternik]
king	rege (m)	['redʒe]
ruler (sovereign)	conducător (m)	[konduka'tor]

knight	cavaler (m)	[kava'ler]
feudal lord	feudal (m)	[feu'dal]
feudal (adj)	feudal	[feu'dal]
vassal	vasal (m)	[va'sal]

duke	duce (m)	['dutʃe]
earl	conte (m)	['konte]
baron	baron (m)	[ba'ron]
bishop	episcop (m)	[e'piskop]
armour	armură (f)	[ar'murə]
shield	scut (n)	[skut]
sword	sabie (f)	['sabie]
visor	vizieră (f)	[vi'zjerə]
chainmail	zale (f pl)	['zale]
Crusade	cruciadă (f)	[krutʃi'adə]
crusader	cruciat (m)	[krutʃi'at]
territory	teritoriu (n)	[teri'torju]
to attack (invade)	a ataca	[a ata'ka]
to conquer (vt)	a cuceri	[a kutʃe'ri]
to occupy (invade)	a cotropi	[a kotro'pi]
siege (to be under ~)	asediu (n)	[a'sedju]
besieged (adj)	asediat (m)	[asedi'at]
to besiege (vt)	a asedia	[a asedi'a]
inquisition	inchiziție (f)	[inki'zitsie]
inquisitor	inchizitor (m)	[inkizi'tor]
torture	tortură (f)	[tor'turə]
cruel (adj)	crud	[krud]
heretic	eretic (m)	[e'retik]
heresy	erezie (f)	[ere'zie]
seafaring	navigație (f) maritimă	[navi'gatsie ma'ritime]
pirate	pirat (m)	[pi'rat]
piracy	piraterie (f)	[pirate'rie]
boarding (attack)	abordaj (n)	[abor'daʒ]
loot, booty	captură (f)	[kap'turə]
treasures	comoară (f)	[komo'arə]
discovery	descoperire (f)	[deskope'rire]
to discover (new land, etc.)	a descoperi	[a deskope'ri]
expedition	expediție (f)	[ekspe'ditsie]
musketeer	muşchetar (m)	[muʃke'tar]
cardinal	cardinal (m)	[kardi'nal]
heraldry	heraldică (f)	[he'raldikə]
heraldic (adj)	heraldic	[he'raldik]

159. Leader. Chief. Authorities

king	rege (m)	['redʒe]
queen	regină (f)	[re'dʒinə]
royal (adj)	regal	[re'gal]
kingdom	regat (n)	[re'gat]
prince	prinț (m)	[prints]
princess	prințesă (f)	[prin'tsesə]

president	preşedinte (m)	[preʃə'dinte]
vice-president	vice-preşedinte (m)	['vitʃe preʃə'dinte]
senator	senator (m)	[sena'tor]
monarch	monarh (m)	[mo'narh]
ruler (sovereign)	conducător (m)	[kondukə'tor]
dictator	dictator (m)	[dikta'tor]
tyrant	tiran (m)	[ti'ran]
magnate	magnat (m)	[mag'nat]
director	director (m)	[di'rektor]
chief	şef (m)	[ʃef]
manager (director)	manager (m)	['menedʒə]
boss	boss (m)	[bos]
owner	patron (m)	[pa'tron]
head (~ of delegation)	şef (m)	[ʃef]
authorities	autorităţi (f pl)	[autoritəts^j]
superiors	conducere (f)	[kon'dutʃere]
governor	guvernator (m)	[guverna'tor]
consul	consul (m)	['konsul]
diplomat	diplomat (m)	[diplo'mat]
mayor	primar (m)	[pri'mar]
sheriff	şerif (m)	[ʃə'rif]
emperor	împărat (m)	[impə'rat]
tsar, czar	ţar (m)	[tsar]
pharaoh	faraon (m)	[fara'on]
khan	han (m)	[han]

160. Breaking the law. Criminals. Part 1

bandit	bandit (m)	[ban'dit]
crime	crimă (f)	['krimə]
criminal (person)	criminal (m)	[krimi'nal]
thief	hoţ (m)	[hots]
to steal (vi, vt)	a fura	[a fu'ra]
stealing (larceny)	hoţie (f)	[ho'tsie]
theft	furt (n)	[furt]
to kidnap (vt)	a răpi	[a rə'pi]
kidnapping	răpire (f)	[rə'pire]
kidnapper	răpitor (m)	[rəpi'tor]
ransom	răscumpărare (f)	[rəskumpə'rare]
to demand ransom	a cere răscumpărare	[a 'tʃere rəskumpə'rare]
to rob (vt)	a jefui	[a ʒefu'i]
robbery	jaf (n)	[ʒaf]
robber	jefuitor (m)	[ʒefui'tor]
to extort (vt)	a escroca	[a eskro'ka]
extortionist	escroc (m)	[es'krok]

English	Romanian	Pronunciation
extortion	escrocherie (f)	[eskroke'rie]
to murder, to kill	a ucide	[a u'tʃide]
murder	asasinat (n)	[asasi'nat]
murderer	asasin (m)	[asa'sin]
gunshot	împuşcătură (f)	[impuʃkə'turə]
to fire (~ a shot)	a împuşca	[a impuʃ'ka]
to shoot to death	a împuşca	[a impuʃ'ka]
to shoot (vi)	a trage	[a 'tradʒə]
shooting	focuri (n) de armă	['fokurʲ de 'armə]
incident (fight, etc.)	întâmplare (f)	[intim'plare]
fight, brawl	bătaie (f)	[bə'tae]
victim	jertfă (f)	['ʒertfə]
to damage (vt)	a prejudicia	[a preʒuditʃi'a]
damage	daună (f)	['daunə]
dead body, corpse	cadavru (n)	[ka'davru]
grave (~ crime)	grav	[grav]
to attack (vt)	a ataca	[a ata'ka]
to beat (to hit)	a bate	[a 'bate]
to beat up	a snopi în bătăi	[a sno'pi in bətəj]
to take (rob of sth)	a lua	[a lu'a]
to stab to death	a înjunghia	[a inʒungi'ja]
to maim (vt)	a schilodi	[a skilo'di]
to wound (vt)	a răni	[a rə'ni]
blackmail	şantaj (n)	[ʃan'taʒ]
to blackmail (vt)	a şantaja	[a ʃanta'ʒa]
blackmailer	şantajist (m)	[ʃanta'ʒist]
protection racket	banditism (n)	[bandi'tizm]
racketeer	bandit (m)	[ban'dit]
gangster	gangster (m)	['gangster]
mafia	mafie (f)	['mafie]
pickpocket	hoţ (m) de buzunare	[hots de buzu'nare]
burglar	spărgător (m)	[spərgə'tor]
smuggling	contrabandă (f)	[kontra'bandə]
smuggler	contrabandist (m)	[kontraban'dist]
forgery	falsificare (f)	[falsifi'kare]
to forge (counterfeit)	a falsifica	[a falsifi'ka]
fake (forged)	fals	[fals]

161. Breaking the law. Criminals. Part 2

English	Romanian	Pronunciation
rape	viol (n)	[vi'ol]
to rape (vt)	a viola	[a vio'la]
rapist	violator (m)	[viola'tor]
maniac	maniac (m)	[mani'ak]
prostitute (fem.)	prostituată (f)	[prostitu'atə]
prostitution	prostituţie (f)	[prosti'tutsie]

pimp	proxenet (m)	[prokse'net]
drug addict	narcoman (m)	[narko'man]
drug dealer	vânzător (m) de droguri	[vɨnzə'tor de 'drogurʲ]

to blow up (bomb)	a arunca în aer	[a arun'ka in 'aer]
explosion	explozie (f)	[eks'plozie]
to set fire	a incendia	[a intʃendi'a]
arsonist	incendiator (m)	[intʃendia'tor]

terrorism	terorism (n)	[tero'rism]
terrorist	terorist (m)	[tero'rist]
hostage	ostatic (m)	[os'tatik]

to swindle (deceive)	a înşela	[a inʃə'la]
swindle, deception	înşelăciune (f)	[inʃələ'tʃiune]
swindler	şarlatan (m)	[ʃarla'tan]

to bribe (vt)	a mitui	[a mitu'i]
bribery	mituire (f)	[mitu'ire]
bribe	mită (f)	['mitə]

poison	otravă (f)	[o'travə]
to poison (vt)	a otrăvi	[a otrə'vi]
to poison oneself	a se otrăvi	[a se otrə'vi]

suicide (act)	sinucidere (f)	[sinu'tʃidere]
suicide (person)	sinucigaş (m)	[sinutʃi'gaʃ]
to threaten (vt)	a ameninţa	[a amenin'tsa]
threat	ameninţare (f)	[amenin'tsare]
to make an attempt	a atenta la	[a aten'ta la]
attempt (attack)	atentat (n)	[aten'tat]

| to steal (a car) | a goni | [a go'ni] |
| to hijack (a plane) | a goni | [a go'ni] |

| revenge | răzbunare (f) | [rəzbu'nare] |
| to avenge (get revenge) | a răzbuna | [a rəzbu'na] |

to torture (vt)	a tortura	[a tortu'ra]
torture	tortură (f)	[tor'turə]
to torment (vt)	a chinui	[a kinu'i]

pirate	pirat (m)	[pi'rat]
hooligan	huligan (m)	[huli'gan]
armed (adj)	înarmat	[inar'mat]
violence	violenţă (f)	[vio'lentsə]

| spying (espionage) | spionaj (n) | [spio'naʒ] |
| to spy (vi) | a spiona | [a spio'na] |

162. Police. Law. Part 1

| justice | justiţie (f) | [ʒus'titsie] |
| court (see you in ~) | curte (f) | ['kurte] |

English	Romanian	Pronunciation
judge	judecător (m)	[ʒudekə'tor]
jurors	jurați (m pl)	[ʒu'ratsʲ]
jury trial	curte (f) de jurați	['kurte de ʒu'ratsʲ]
to judge, to try (vt)	a judeca	[a ʒude'ka]
lawyer, barrister	avocat (m)	[avo'kat]
defendant	acuzat (m)	[aku'zat]
dock	banca (f) acuzaților	['banka aku'zatsilor]
charge	învinuire (f)	[ɨnvinu'ire]
accused	învinuit (m)	[ɨnvinu'it]
sentence	verdict (n)	[ver'dikt]
to sentence (vt)	a condamna	[a kondam'na]
guilty (culprit)	vinovat (m)	[vino'vat]
to punish (vt)	a pedepsi	[a pedep'si]
punishment	pedeapsă (f)	[pe'dʲapsə]
fine (penalty)	amendă (f)	[a'mendə]
life imprisonment	închisoare (f) pe viață	[ɨnkiso'are pe 'vjatsə]
death penalty	pedeapsă (f) capitală	[pe'dʲapsə kapi'talə]
electric chair	scaun (n) electric	['skaun e'lektrik]
gallows	spânzurătoare (f)	[spɨnzurəto'are]
to execute (vt)	a executa	[a egzeku'ta]
execution	execuție (f)	[egze'kutsie]
prison	închisoare (f)	[ɨnkiso'are]
cell	cameră (f)	['kamerə]
escort (convoy)	convoi (n)	[kon'voj]
prison officer	paznic (m)	['paznik]
prisoner	arestat (m)	[ares'tat]
handcuffs	cătușe (f pl)	[kə'tuʃe]
to handcuff (vt)	a pune cătușele	[a 'pune kə'tuʃele]
prison break	evadare (f)	[eva'dare]
to break out (vi)	a evada	[a eva'da]
to disappear (vi)	a dispărea	[a dispə'rʲa]
to release (from prison)	a elibera	[a elibe'ra]
amnesty	amnistie (f)	[am'nistie]
police	poliție (f)	[po'litsie]
police officer	polițist (m)	[poli'tsist]
police station	secție (f) de poliție	['sektsie de po'litsie]
truncheon	baston (n) de cauciuc	[bas'ton de kau'tʃiuk]
megaphone (loudhailer)	portavoce (f)	[porta'votʃe]
patrol car	mașină (f) de patrulă	[ma'ʃine de pa'trulə]
siren	sirenă (f)	[si'rene]
to turn on the siren	a conecta sirena	[a konek'ta si'rena]
siren call	alarma (f) sirenei	[a'larma si'renej]
crime scene	locul (n) faptei	['lokul 'faptej]
witness	martor (m)	['martor]

freedom	libertate (f)	[liber'tate]
accomplice	complice (m)	[kom'plitʃe]
to flee (vi)	a se ascunde	[a se as'kunde]
trace (to leave a ~)	urmă (f)	['urmə]

163. Police. Law. Part 2

search (investigation)	investigație (f)	[investi'gatsie]
to look for ...	a căuta	[a kəu'ta]
suspicion	suspiciune (f)	[suspitʃi'une]
suspicious (e.g., ~ vehicle)	suspect	[sus'pekt]
to stop (cause to halt)	a opri	[a op'ri]
to detain (keep in custody)	a reține	[a re'tsine]
case (lawsuit)	dosar (n)	[do'sar]
investigation	anchetă (f)	[an'ketə]
detective	detectiv (m)	[detek'tiv]
investigator	anchetator (m)	[anketa'tor]
hypothesis	versiune (f)	[versi'une]
motive	motiv (n)	[mo'tiv]
interrogation	interogatoriu (n)	[interoga'torju]
to interrogate (vt)	a interoga	[a intero'ga]
to question (~ neighbors, etc.)	a audia	[a audi'a]
check (identity ~)	verificare (f)	[verifi'kare]
round-up (raid)	razie (f)	['razie]
search (~ warrant)	percheziție (f)	[perke'zitsie]
chase (pursuit)	urmărire (f)	[urmə'rire]
to pursue, to chase	a urmări	[a urmə'ri]
to track (a criminal)	a urmări	[a urmə'ri]
arrest	arestare (f)	[ares'tare]
to arrest (sb)	a aresta	[a ares'ta]
to catch (thief, etc.)	a prinde	[a 'prinde]
capture	prindere (f)	['prindere]
document	act (n)	[akt]
proof (evidence)	dovadă (f)	[do'vadə]
to prove (vt)	a dovedi	[a dove'di]
footprint	amprentă (f)	[am'prentə]
fingerprints	amprente (f pl) digitale	[am'prente didʒi'tale]
piece of evidence	probă (f)	['probə]
alibi	alibi (n)	['alibi]
innocent (not guilty)	nevinovat (m)	[nevino'vat]
injustice	nedreptate (f)	[nedrep'tate]
unjust, unfair (adj)	nedrept	[ne'drept]
criminal (adj)	criminal (m)	[krimi'nal]
to confiscate (vt)	a confisca	[a konfis'ka]
drug (illegal substance)	narcotic (n)	[nar'kotik]
weapon, gun	armă (f)	['armə]

to disarm (vt)	a dezarma	[a dezar'ma]
to order (command)	a ordona	[a ordo'na]
to disappear (vi)	a dispărea	[a dispə'rʲa]
law	lege (f)	['ledʒe]
legal, lawful (adj)	legal	[le'gal]
illegal, illicit (adj)	ilegal	[ile'gal]
responsibility (blame)	responsabilitate (f)	[responsabili'tate]
responsible (adj)	responsabil	[respon'sabil]

NATURE

The Earth. Part 1

164. Outer space

space	cosmos (n)	['kosmos]
space (as adj)	cosmic	['kosmik]
outer space	spațiu (n) cosmic	['spatsju 'kosmik]
galaxy	galaxie (f)	[galak'sie]
star	stea (f)	[st'a]
constellation	constelație (f)	[konste'latsie]
planet	planetă (f)	[pla'netə]
satellite	satelit (m)	[sate'lit]
meteorite	meteorit (m)	[meteo'rit]
comet	cometă (f)	[ko'metə]
asteroid	asteroid (m)	[astero'id]
orbit	orbită (f)	[or'bitə]
to revolve (~ around the Earth)	a se roti	[a se ro'ti]
atmosphere	atmosferă (f)	[atmos'ferə]
the Sun	soare (n)	[so'are]
solar system	sistem (n) solar	[sis'tem so'lar]
solar eclipse	eclipsă (f) de soare	[ek'lipsə de so'are]
the Earth	Pământ (n)	[pə'mɨnt]
the Moon	Lună (f)	['lunə]
Mars	Marte (m)	['marte]
Venus	Venus (f)	['venus]
Jupiter	Jupiter (m)	['ʒupiter]
Saturn	Saturn (m)	[sa'turn]
Mercury	Mercur (m)	[mer'kur]
Uranus	Uranus (m)	[u'ranus]
Neptune	Neptun (m)	[nep'tun]
Pluto	Pluto (m)	['pluto]
Milky Way	Calea (f) Lactee	['kal'a lak'tee]
Great Bear (Ursa Major)	Ursa (f) mare	['ursa 'mare]
North Star	Steaua (f) polară	['st'awa po'larə]
Martian	marțian (m)	[martsi'an]
extraterrestrial (n)	extraterestru (m)	[ekstrate'restru]
alien	extraterestru (m)	[ekstrate'restru]

flying saucer	farfurie (f) zburătoare	[farfu'rie zburəto'are]
spaceship	navă (f) spaţială	['navə spatsi'alə]
space station	staţie (f) orbitală	['statsie orbi'talə]
blast-off	start (n)	[start]

engine	motor (n)	[mo'tor]
nozzle	ajutaj (n)	[aʒu'taʒ]
fuel	combustibil (m)	[kombus'tibil]

| cockpit, flight deck | cabină (f) | [ka'binə] |
| aerial | antenă (f) | [an'tenə] |

porthole	hublou (n)	[hu'blou]
solar panel	baterie (f) solară	[bate'rie so'larə]
spacesuit	scafandru (m)	[ska'fandru]

| weightlessness | imponderabilitate (f) | [imponderabili'tate] |
| oxygen | oxigen (n) | [oksi'dʒen] |

| docking (in space) | unire (f) | [u'nire] |
| to dock (vi, vt) | a uni | [a u'ni] |

| observatory | observator (n) astronomic | [observa'tor astro'nomik] |
| telescope | telescop (n) | [tele'skop] |

| to observe (vt) | a observa | [a obser'va] |
| to explore (vt) | a cerceta | [a tʃertʃe'ta] |

165. The Earth

the Earth	Pământ (n)	[pə'mɨnt]
the globe (the Earth)	globul (n) pământesc	['globul pəmɨn'tesk]
planet	planetă (f)	[pla'netə]

atmosphere	atmosferă (f)	[atmos'ferə]
geography	geografie (f)	[dʒeogra'fie]
nature	natură (f)	[na'turə]

globe (table ~)	glob (n)	[glob]
map	hartă (f)	['hartə]
atlas	atlas (n)	[at'las]

| Europe | Europa (f) | [eu'ropa] |
| Asia | Asia (f) | ['asia] |

| Africa | Africa (f) | ['afrika] |
| Australia | Australia (f) | [au'stralia] |

America	America (f)	[a'merika]
North America	America (f) de Nord	[a'merika de nord]
South America	America (f) de Sud	[a'merika de sud]

| Antarctica | Antarctida (f) | [antark'tida] |
| the Arctic | Arctica (f) | ['arktika] |

166. Cardinal directions

north	nord (n)	[nord]
to the north	la nord	[la nord]
in the north	la nord	[la nord]
northern (adj)	de nord	[de nord]
south	sud (n)	[sud]
to the south	la sud	[la sud]
in the south	la sud	[la sud]
southern (adj)	de sud	[de sud]
west	vest (n)	[vest]
to the west	la vest	[la vest]
in the west	la vest	[la vest]
western (adj)	de vest	[de vest]
east	est (n)	[est]
to the east	la est	[la est]
in the east	la est	[la est]
eastern (adj)	de est	[de est]

167. Sea. Ocean

sea	mare (f)	['mare]
ocean	ocean (n)	[otʃə'an]
gulf (bay)	golf (n)	[golf]
straits	strâmtoare (f)	[strɨmto'are]
continent (mainland)	continent (n)	[konti'nent]
island	insulă (f)	['insulə]
peninsula	peninsulă (f)	[pe'ninsulə]
archipelago	arhipelag (n)	[arhipe'lag]
bay, cove	golf (n)	[golf]
harbour	port (n)	[port]
lagoon	lagună (f)	[la'gunə]
cape	cap (n)	[kap]
atoll	atol (m)	[a'tol]
reef	recif (m)	[re'tʃif]
coral	coral (m)	[ko'ral]
coral reef	recif (m) de corali	[re'tʃif de ko'ralʲ]
deep (adj)	adânc	[a'dɨnk]
depth (deep water)	adâncime (f)	[adɨn'tʃime]
abyss	abis (n)	[a'bis]
trench (e.g. Mariana ~)	groapă (f)	[gro'apə]
current (Ocean ~)	curent (n)	[ku'rent]
to surround (bathe)	a spăla	[a spə'la]
shore	mal (n)	[mal]
coast	litoral (n)	[lito'ral]

English	Romanian	Pronunciation
flow (flood tide)	flux (n)	[fluks]
ebb (ebb tide)	reflux (n)	[re'fluks]
shoal	banc (n) de nisip	[bank de ni'sip]
bottom (~ of the sea)	fund (n)	[fund]
wave	val (n)	[val]
crest (~ of a wave)	creasta (f) valului	['krʲasta 'valuluj]
spume (sea foam)	spumă (f)	['spumə]
storm (sea storm)	furtună (f)	[fur'tunə]
hurricane	uragan (m)	[ura'gan]
tsunami	tsunami (n)	[ʦu'nami]
calm (dead ~)	timp (n) calm	[timp kalm]
quiet, calm (adj)	liniştit	[liniʃ'tit]
pole	pol (n)	[pol]
polar (adj)	polar	[po'lar]
latitude	longitudine (f)	[londʒi'tudine]
longitude	latitudine (f)	[lati'tudine]
parallel	paralelă (f)	[para'lelə]
equator	ecuator (n)	[ekua'tor]
sky	cer (n)	[ʧer]
horizon	orizont (n)	[ori'zont]
air	aer (n)	['aer]
lighthouse	far (n)	[far]
to dive (vi)	a se scufunda	[a se skufun'da]
to sink (ab. boat)	a se duce la fund	[a se duʧe lʲa fund]
treasures	comoară (f)	[komo'arə]

168. Mountains

English	Romanian	Pronunciation
mountain	munte (m)	['munte]
mountain range	lanţ (n) muntos	[lanʦ mun'tos]
mountain ridge	lanţ (n) de munţi	[lanʦ de munʦ]
summit, top	vârf (n)	[vɨrf]
peak	culme (f)	['kulmə]
foot (~ of the mountain)	poale (f pl)	[po'ale]
slope (mountainside)	pantă (f)	['pantə]
volcano	vulcan (n)	[vul'kan]
active volcano	vulcan (n) activ	[vul'kan ak'tiv]
dormant volcano	vulcan (n) stins	[vul'kan stins]
eruption	erupţie (f)	[e'rupʦie]
crater	crater (n)	['krater]
magma	magmă (f)	['magmə]
lava	lavă (f)	['lavə]
molten (~ lava)	încins	[in'ʧins]
canyon	canion (n)	[kani'on]
gorge	defileu (n)	[defi'leu]

crevice	pas (n)	[pas]
pass, col	trecătoare (f)	[trekəto'are]
plateau	podiş (n)	[po'diʃ]
cliff	stâncă (f)	['stinkə]
hill	deal (n)	['dʲal]

glacier	gheţar (m)	[ge'tsar]
waterfall	cascadă (f)	[kas'kadə]
geyser	gheizer (m)	['gejzer]
lake	lac (n)	[lak]

plain	şes (n)	[ʃəs]
landscape	peisaj (n)	[pej'saʒ]
echo	ecou (n)	[e'kou]

alpinist	alpinist (m)	[alpi'nist]
rock climber	căţărător (m)	[kətsərə'tor]
to conquer (in climbing)	a cuceri	[a kutʃe'ri]
climb (an easy ~)	ascensiune (f)	[astʃensi'une]

169. Rivers

river	râu (n)	['riu]
spring (natural source)	izvor (n)	[iz'vor]
riverbed (river channel)	matcă (f)	['matkə]
basin (river valley)	bazin (n)	[ba'zin]
to flow into ...	a se vărsa	[a se vər'sa]

tributary	afluent (m)	[aflu'ent]
bank (of river)	mal (n)	[mal]

current (stream)	curs (n)	[kurs]
downstream (adv)	în josul apei	[in 'ʒosul 'apej]
upstream (adv)	în susul apei	[in 'susul 'apej]

inundation	inundaţie (f)	[inun'datsie]
flooding	revărsare (f) a apelor	[revər'sare a 'apelor]
to overflow (vi)	a se revărsa	[a se revər'sa]
to flood (vt)	a inunda	[a inun'da]

shallow (shoal)	banc (n) de nisip	[bank de ni'sip]
rapids	prag (n)	[prag]

dam	baraj (n)	[ba'raʒ]
canal	canal (n)	[ka'nal]
reservoir (artificial lake)	bazin (n)	[ba'zin]
sluice, lock	ecluză (f)	[e'kluzə]

water body (pond, etc.)	bazin (n)	[ba'zin]
swamp (marshland)	mlaştină (f)	['mlaʃtinə]
bog, marsh	mlaştină (f), smârc (n)	['mlaʃtinə], [smɨrk]
whirlpool	vârtej (n) de apă	[vɨr'teʒ de 'apə]
stream (brook)	pârâu (n)	[pɨ'riu]
drinking (ab. water)	potabil	[po'tabil]

fresh (~ water)	nesărat	[nesə'rat]
ice	gheață (f)	['gʲatsə]
to freeze over (ab. river, etc.)	a îngheța	[a inge'tsa]

170. Forest

| forest, wood | pădure (f) | [pə'dure] |
| forest (as adj) | de pădure | [de pə'dure] |

thick forest	desiş (n)	[de'siʃ]
grove	pădurice (f)	[pədu'ritʃe]
forest clearing	poiană (f)	[po'janə]

| thicket | tufiş (n) | [tu'fiʃ] |
| scrubland | arbust (m) | [ar'bust] |

| footpath (troddenpath) | cărare (f) | [kə'rare] |
| gully | râpă (f) | ['ripə] |

tree	copac (m)	[ko'pak]
leaf	frunză (f)	['frunzə]
leaves (foliage)	frunziş (n)	[frun'ziʃ]

fall of leaves	cădere (f) a frunzelor	[kə'dere a 'frunzelor]
to fall (ab. leaves)	a cădea	[a kə'dʲa]
top (of the tree)	vârf (n)	[virf]

branch	ramură (f)	['ramurə]
bough	creangă (f)	['krʲangə]
bud (on shrub, tree)	mugur (m)	['mugur]
needle (of pine tree)	ac (n)	[ak]
fir cone	con (n)	[kon]

tree hollow	scorbură (f)	['skorburə]
nest	cuib (n)	[kujb]
burrow (animal hole)	vizuină (f)	[vizu'inə]

trunk	trunchi (n)	[trunkʲ]
root	rădăcină (f)	[rədə'tʃinə]
bark	scoarță (f)	[sko'artsə]
moss	muşchi (m)	[muʃkʲ]

to uproot (remove trees or tree stumps)	a defrişa	[a defri'ʃa]
to chop down	a tăia	[a tə'ja]
to deforest (vt)	a doborî	[a dobo'ri]
tree stump	buturugă (f)	[butu'rugə]

campfire	foc (n)	[fok]
forest fire	incendiu (n)	[in'tʃendju]
to extinguish (vt)	a stinge	[a 'stindʒe]

| forest ranger | pădurar (m) | [pədu'rar] |
| protection | protecţie (f) | [pro'tektsie] |

to protect (~ nature)	a ocroti	[a okro'ti]
poacher	braconier (m)	[brako'njer]
steel trap	capcană (f)	[kap'kanə]

| to gather, to pick (vt) | a strânge | [a 'strindʒe] |
| to lose one's way | a se rătăci | [a se rətə'tʃi] |

171. Natural resources

natural resources	resurse (f pl) naturale	[re'surse natu'rale]
minerals	bogății (f pl) minerale	[bogə'tsij mine'rale]
deposits	depozite (n pl)	[de'pozite]
field (e.g. oilfield)	zăcământ (n)	[zəkə'mɨnt]

to mine (extract)	a extrage	[a eks'tradʒe]
mining (extraction)	obținere (f)	[ob'tsinere]
ore	minereu (n)	[mine'reu]
mine (e.g. for coal)	mină (f)	['minə]
shaft (mine ~)	puț (n)	['puts]
miner	miner (m)	[mi'ner]

| gas (natural ~) | gaz (n) | [gaz] |
| gas pipeline | conductă (f) de gaze | [kon'duktə de 'gaze] |

oil (petroleum)	petrol (n)	[pe'trol]
oil pipeline	conductă (f) de petrol	[kon'duktə de pe'trol]
oil well	sondă (f) de țiței (n)	['sondə de tsi'tsej]
derrick (tower)	turlă (f) de foraj	['turlə de fo'raʒ]
tanker	tanc (n) petrolier	['tank petro'ljer]

sand	nisip (n)	[ni'sip]
limestone	calcar (n)	[kal'kar]
gravel	pietriș (n)	[pe'triʃ]
peat	turbă (f)	['turbə]
clay	argilă (f)	[ar'dʒilə]
coal	cărbune (m)	[kər'bune]

iron (ore)	fier (m)	[fier]
gold	aur (n)	['aur]
silver	argint (n)	[ar'dʒint]
nickel	nichel (n)	['nikel]
copper	cupru (n)	['kupru]

zinc	zinc (n)	[zink]
manganese	mangan (n)	[man'gan]
mercury	mercur (n)	[mer'kur]
lead	plumb (n)	[plumb]

mineral	mineral (n)	[mine'ral]
crystal	cristal (n)	[kris'tal]
marble	marmură (f)	['marmurə]
uranium	uraniu (n)	[u'ranju]

The Earth. Part 2

172. Weather

weather	timp (n)	[timp]
weather forecast	prognoză (f) meteo	[prog'nozə 'meteo]
temperature	temperatură (f)	[tempera'turə]
thermometer	termometru (n)	[termo'metru]
barometer	barometru (n)	[baro'metru]

humidity	umiditate (f)	[umidi'tate]
heat (extreme ~)	caniculă (f)	[ka'nikulə]
hot (torrid)	fierbinte	[fier'binte]
it's hot	e foarte cald	[e fo'arte kald]

| it's warm | e cald | [e kald] |
| warm (moderately hot) | cald | [kald] |

| it's cold | e frig | [e frig] |
| cold (adj) | rece | ['retʃe] |

sun	soare (n)	[so'are]
to shine (vi)	a străluci	[a strəlu'tʃi]
sunny (day)	însorit	[ɨnso'rit]
to come up (vi)	a răsări	[a rəsə'ri]
to set (vi)	a apune	[a a'pune]

| cloud | nor (m) | [nor] |
| cloudy (adj) | înnorat | [ɨnno'rat] |

| rain cloud | nor (m) | [nor] |
| somber (gloomy) | mohorât | [moho'rɨt] |

| rain | ploaie (f) | [plo'ae] |
| it's raining | plouă | ['plowə] |

| rainy (~ day, weather) | ploios | [plo'jos] |
| to drizzle (vi) | a bura | [a bu'ra] |

pouring rain	ploaie (f) torenţială	[plo'ae toren'tsjalə]
downpour	rupere (f) de nori	['rupere de 'norʲ]
heavy (e.g. ~ rain)	puternic	[pu'ternik]

| puddle | băltoacă (f) | [bəlto'akə] |
| to get wet (in rain) | a se uda | [a se u'da] |

fog (mist)	ceaţă (f)	['tʃatsə]
foggy	ceţos	[tʃe'tsos]
snow	zăpadă (f)	[zə'padə]
it's snowing	ninge	['nindʒe]

173. Severe weather. Natural disasters

thunderstorm	furtună (f)	[fur'tunə]
lightning (~ strike)	fulger (n)	['fuldʒer]
to flash (vi)	a fulgera	[a fuldʒe'ra]
thunder	tunet (n)	['tunet]
to thunder (vi)	a tuna	[a tu'na]
it's thundering	tună	['tunə]
hail	grindină (f)	[grin'dinə]
it's hailing	plouă cu gheaţă	['plowə ku 'gʲatsə]
to flood (vt)	a inunda	[a inun'da]
flood, inundation	inundaţie (f)	[inun'datsie]
earthquake	cutremur (n)	[ku'tremur]
tremor, shoke	zguduire (f)	[zgudu'ire]
epicentre	epicentru (m)	[epi'tʃentru]
eruption	erupţie (f)	[e'ruptsie]
lava	lavă (f)	['lavə]
twister	vârtej (n)	[vɨr'teʒ]
tornado	tornadă (f)	[tor'nadə]
typhoon	taifun (n)	[taj'fun]
hurricane	uragan (m)	[ura'gan]
storm	furtună (f)	[fur'tunə]
tsunami	tsunami (n)	[tsu'nami]
cyclone	ciclon (m)	[tʃi'klon]
bad weather	vreme (f) rea	['vreme rʲa]
fire (accident)	incendiu (n)	[in'tʃendju]
disaster	catastrofă (f)	[katas'trofə]
meteorite	meteorit (m)	[meteo'rit]
avalanche	avalanşă (f)	[ava'lanʃə]
snowslide	prăbuşire (f)	[prəbu'ʃire]
blizzard	viscol (n)	['viskol]
snowstorm	viscol (n)	['viskol]

Fauna

174. Mammals. Predators

predator	prădător (n)	[prədə'tor]
tiger	tigru (m)	['tigru]
lion	leu (m)	['leu]
wolf	lup (m)	[lup]
fox	vulpe (f)	['vulpe]
jaguar	jaguar (m)	[ʒagu'ar]
leopard	leopard (m)	[leo'pard]
cheetah	ghepard (m)	[ge'pard]
black panther	panteră (f)	[pan'terə]
puma	pumă (f)	['pumə]
snow leopard	ghepard (m)	[ge'pard]
lynx	râs (m)	[ris]
coyote	coiot (m)	[ko'jot]
jackal	şacal (m)	[ʃa'kal]
hyena	hienă (f)	[hi'enə]

175. Wild animals

animal	animal (n)	[ani'mal]
beast (animal)	animal (n) sălbatic	[ani'mal səl'batik]
squirrel	veveriţă (f)	[veve'ritsə]
hedgehog	arici (m)	[a'ritʃi]
hare	iepure (m)	['jepure]
rabbit	iepure (m) de casă	['jepure de 'kasə]
badger	bursuc (m)	[bur'suk]
raccoon	enot (m)	[e'not]
hamster	hârciog (m)	[hir'tʃiog]
marmot	marmotă (f)	[mar'motə]
mole	cârtiţă (f)	['kirtitsə]
mouse	şoarece (m)	[ʃo'aretʃe]
rat	şobolan (m)	[ʃobo'lan]
bat	liliac (m)	[lili'ak]
ermine	hermină (f)	[her'minə]
sable	samur (m)	[sa'mur]
marten	jder (m)	[ʒder]
weasel	nevăstuică (f)	[nevəs'tujkə]
mink	nurcă (f)	['nurkə]

beaver	castor (m)	['kastor]
otter	vidră (f)	['vidrə]
horse	cal (m)	[kal]
moose	elan (m)	[e'lan]
deer	cerb (m)	[ʧerb]
camel	cămilă (f)	[kə'milə]
bison	bizon (m)	[bi'zon]
wisent	zimbru (m)	['zimbru]
buffalo	bivol (m)	['bivol]
zebra	zebră (f)	['zebrə]
antelope	antilopă (f)	[anti'lopə]
roe deer	căprioară (f)	[kəprio'arə]
fallow deer	ciută (f)	['ʧiutə]
chamois	capră (f) neagră	['kaprə 'nʲagrə]
wild boar	mistreț (m)	[mis'treʦ]
whale	balenă (f)	[ba'lenə]
seal	focă (f)	['fokə]
walrus	morsă (f)	['morsə]
fur seal	urs (m) de mare	[urs de 'mare]
dolphin	delfin (m)	[del'fin]
bear	urs (m)	[urs]
polar bear	urs (m) polar	[urs po'lar]
panda	panda (m)	['panda]
monkey	maimuță (f)	[maj'muʦə]
chimpanzee	cimpanzeu (m)	[ʧimpan'zeu]
orangutan	urangutan (m)	[urangu'tan]
gorilla	gorilă (f)	[go'rilə]
macaque	macac (m)	[ma'kak]
gibbon	gibon (m)	[ʤi'bon]
elephant	elefant (m)	[ele'fant]
rhinoceros	rinocer (m)	[rino'ʧer]
giraffe	girafă (f)	[ʤi'rafə]
hippopotamus	hipopotam (m)	[hipopo'tam]
kangaroo	cangur (m)	['kangur]
koala (bear)	koala (f)	[ko'ala]
mongoose	mangustă (f)	[man'gustə]
chinchilla	șinșilă (f)	[ʃin'ʃilə]
skunk	sconcs (m)	[skonks]
porcupine	porc (m) spinos	[pork spi'nos]

176. Domestic animals

cat	pisică (f)	[pi'sikə]
tomcat	motan (m)	[mo'tan]
horse	cal (m)	[kal]

stallion (male horse)	armăsar (m)	[armə'sar]
mare	iapă (f)	['japə]
cow	vacă (f)	['vakə]
bull	taur (m)	['taur]
ox	bou (m)	['bou]
sheep (ewe)	oaie (f)	[o'ae]
ram	berbec (m)	[ber'bek]
goat	capră (f)	['kaprə]
billy goat, he-goat	țap (m)	[tsap]
donkey	măgar (m)	[mə'gar]
mule	catâr (m)	[ka'tɨr]
pig	porc (m)	[pork]
piglet	purcel (m)	[pur'tʃel]
rabbit	iepure (m) de casă	['jepure de 'kasə]
hen (chicken)	găină (f)	[gə'inə]
cock	cocoș (m)	[ko'koʃ]
duck	rață (f)	['ratsə]
drake	rățoi (m)	[rə'tsoj]
goose	gâscă (f)	['gɨskə]
tom turkey, gobbler	curcan (m)	[kur'kan]
turkey (hen)	curcă (f)	['kurkə]
domestic animals	animale (n pl) domestice	[ani'male do'mestitʃe]
tame (e.g. ~ hamster)	domestic	[do'mestik]
to tame (vt)	a domestici	[a domesti'tʃi]
to breed (vt)	a crește	[a 'kreʃte]
farm	fermă (f)	['fermə]
poultry	păsări (f pl) de curte	[pəsərʲ de 'kurte]
cattle	vite (f pl)	['vite]
herd (cattle)	turmă (f)	['turmə]
stable	grajd (n)	[graʒd]
pigsty	cocină (f) de porci	[ko'tʃinə de 'portʃi]
cowshed	grajd (n) pentru vaci	['graʒd 'pentru 'vatʃi]
rabbit hutch	cușcă (f) pentru iepuri	['kuʃkə 'pentru 'epurʲ]
hen house	coteț (n) de găini	[ko'tets de gə'inʲ]

177. Dogs. Dog breeds

dog	câine (m)	['kɨjne]
sheepdog	câine (m) ciobănesc	['kɨjne tʃiobə'nesk]
poodle	pudel (m)	[pu'del]
dachshund	teckel (m)	['tekel]
bulldog	buldog (m)	[bul'dog]
boxer	boxer (m)	[bok'ser]

mastiff	mastif (m)	[mas'tif]
Rottweiler	rottweiler (m)	[rot'wejler]
Doberman	doberman (m)	[dober'man]
basset	basset (m)	[ba'set]
bobtail	bobtail (m)	[bob'tejl]
Dalmatian	dalmațian (m)	[dalmatsi'an]
cocker spaniel	cocker spaniel (m)	['koker spani'el]
Newfoundland	newfoundland (m)	[nju'faundlend]
Saint Bernard	sentbernar (m)	[senber'nar]
husky	huski (m)	['haski]
Chow Chow	chow chow (m)	['tʃau 'tʃau]
spitz	spitz (m)	[ʃpits]
pug	mops (m)	[mops]

178. Sounds made by animals

barking (n)	lătrat (n)	[lə'trat]
to bark (vi)	a lătra	[a lə'tra]
to miaow (vi)	a mieuna	[a meu'na]
to purr (vi)	a toarce	[a to'artʃe]
to moo (vi)	a mugi	[a mu'dʒi]
to bellow (bull)	a rage	[a 'radʒe]
to growl (vi)	a mârâi	[a mɨrɨ'i]
howl (n)	urlet (n)	['urlet]
to howl (vi)	a urla	[a ur'la]
to whine (vi)	a scheuna	[a skeu'na]
to bleat (sheep)	a behăi	[a behə'i]
to oink, to grunt (pig)	a grohăi	[a grohə'i]
to squeal (vi)	a țipa	[a tsi'pa]
to croak (vi)	a orăcăi	[a orəkə'i]
to buzz (insect)	a bâzâi	[a bɨzɨ'i]
to chirp (crickets, grasshopper)	a țârâi	[a tsɨrɨ'i]

179. Birds

bird	pasăre (f)	['pasəre]
pigeon	porumbel (m)	[porum'bel]
sparrow	vrabie (f)	['vrabie]
tit (great tit)	pițigoi (m)	[pitsi'goj]
magpie	coțofană (f)	[kotso'fanə]
raven	corb (m)	[korb]
crow	cioară (f)	[tʃio'arə]
jackdaw	stancă (f)	['stankə]

rook	cioară (f) de câmp	[tʃio'arə de 'kɨmp]
duck	rață (f)	['ratsə]
goose	gâscă (f)	['gɨskə]
pheasant	fazan (m)	[fa'zan]
eagle	acvilă (f)	['akvilə]
hawk	uliu (m)	['ulju]
falcon	şoim (m)	[ʃojm]
vulture	vultur (m)	['vultur]
condor (Andean ~)	condor (m)	[kon'dor]
swan	lebădă (f)	['lebədə]
crane	cocor (m)	[ko'kor]
stork	cocostârc (m)	[kokos'tɨrk]
parrot	papagal (m)	[papa'gal]
hummingbird	pasărea (f) colibri	['pasərʲa ko'libri]
peacock	păun (m)	[pə'un]
ostrich	struț (m)	[struts]
heron	stârc (m)	[stɨrk]
flamingo	flamingo (m)	[fla'mingo]
pelican	pelican (m)	[peli'kan]
nightingale	privighetoare (f)	[privigeto'are]
swallow	rândunică (f)	[rɨndu'nikə]
thrush	mierlă (f)	['merlə]
song thrush	sturz-cântător (m)	[sturz kɨntə'tor]
blackbird	mierlă (f) sură	['merlə 'surə]
swift	lăstun (m)	[ləs'tun]
lark	ciocârlie (f)	[tʃiokɨr'lie]
quail	prepeliță (f)	[prepe'litsə]
woodpecker	ciocănitoare (f)	[tʃiokənito'are]
cuckoo	cuc (m)	[kuk]
owl	bufniță (f)	['bufnitsə]
eagle owl	buha mare (f)	['buhə 'mare]
wood grouse	cocoş (m) de munte	[ko'koʃ de 'munte]
black grouse	cocoş (m) sălbatic	[ko'koʃ səlba'tik]
partridge	potârniche (f)	[potɨr'nike]
starling	graur (m)	['graur]
canary	canar (m)	[ka'nar]
hazel grouse	găinuşă de alun (f)	[gəi'nuʃə de a'lun]
chaffinch	cinteză (f)	[tʃin'tezə]
bullfinch	botgros (m)	[bot'gros]
seagull	pescăruş (m)	[peskə'ruʃ]
albatross	albatros (m)	[alba'tros]
penguin	pinguin (m)	[pigu'in]

180. Birds. Singing and sounds

to sing (vi)	a cânta	[a kɨn'ta]
to call (animal, bird)	a striga	[a stri'ga]
to crow (cock)	a cânta cucurigu	[a kɨn'ta kuku'rigu]
cock-a-doodle-doo	cucurigu (m)	[kuku'rigu]
to cluck (hen)	a cotcodăci	[a kotkodə'tʃi]
to caw (crow call)	a croncăni	[a kronkə'ni]
to quack (duck call)	a măcăi	[a məkə'i]
to cheep (vi)	a piui	[a pju'i]
to chirp, to twitter	a ciripi	[a tʃiri'pi]

181. Fish. Marine animals

bream	plătică (f)	[plə'tikə]
carp	crap (m)	[krap]
perch	biban (m)	[bi'ban]
catfish	somn (m)	[somn]
pike	știucă (f)	['ʃtjukə]
salmon	somon (m)	[so'mon]
sturgeon	nisetru (m)	[ni'setru]
herring	scrumbie (f)	[skrum'bie]
Atlantic salmon	somon (m)	[so'mon]
mackerel	macrou (n)	[ma'krou]
flatfish	cambulă (f)	[kam'bulə]
zander, pike perch	șalău (m)	[ʃa'ləu]
cod	batog (m)	[ba'tog]
tuna	ton (m)	[ton]
trout	păstrăv (m)	[pəs'trəv]
eel	țipar (m)	[tsi'par]
electric ray	pește-torpilă (m)	['peʃte tor'pilə]
moray eel	murenă (f)	[mu'renə]
piranha	piranha (f)	[pi'ranija]
shark	rechin (m)	[re'kin]
dolphin	delfin (m)	[del'fin]
whale	balenă (f)	[ba'lenə]
crab	crab (m)	[krab]
jellyfish	meduză (f)	[me'duzə]
octopus	caracatiță (f)	[kara'katitsə]
starfish	stea de mare (f)	[st'a de 'mare]
sea urchin	arici de mare (m)	[a'ritʃi de 'mare]
seahorse	căluț (m) de mare (f)	[kə'luts de 'mare]
oyster	stridie (f)	['stridie]
prawn	crevetă (f)	[kre'vetə]

| lobster | stacoj (m) | [sta'koʒ] |
| spiny lobster | langustă (f) | [lan'gustə] |

182. Amphibians. Reptiles

| snake | şarpe (m) | ['ʃarpe] |
| venomous (snake) | veninos | [veni'nos] |

viper	viperă (f)	['viperə]
cobra	cobră (f)	['kobrə]
python	piton (m)	[pi'ton]
boa	şarpe (m) boa	['ʃarpe bo'a]

grass snake	şarpe (m) de casă	['ʃarpe de 'kasə]
rattle snake	şarpe (m) cu clopoţei	['ʃarpe ku klopo'tsej]
anaconda	anacondă (f)	[ana'kondə]

lizard	şopârlă (f)	[ʃo'pɨrlə]
iguana	iguană (f)	[igu'anə]
monitor lizard	şopârlă (f)	[ʃo'pɨrlə]
salamander	salamandră (f)	[sala'mandrə]
chameleon	cameleon (m)	[kamele'on]
scorpion	scorpion (m)	[skorpi'on]

turtle	broască (f) ţestoasă	[bro'askə tsesto'asə]
frog	broască (f)	[bro'askə]
toad	broască (f) râioasă	[bro'askə rijo'asə]
crocodile	crocodil (m)	[kroko'dil]

183. Insects

insect	insectă (f)	[in'sektə]
butterfly	fluture (m)	['fluture]
ant	furnică (f)	[fur'nikə]
fly	muscă (f)	['muskə]
mosquito	ţânţar (m)	[tsin'tsar]
beetle	gândac (m)	[gɨn'dak]

wasp	viespe (f)	['vespe]
bee	albină (f)	[al'binə]
bumblebee	bondar (m)	[bon'dar]
gadfly (botfly)	tăun (m)	[tə'un]

| spider | păianjen (m) | [pə'janʒen] |
| spider's web | pânză (f) de păianjen | ['pɨnzə de pə'janʒen] |

dragonfly	libelulă (f)	[libe'lulə]
grasshopper	greier (m)	['greer]
moth (night butterfly)	fluture (m)	['fluture]

| cockroach | gândac (m) | [gɨn'dak] |
| tick | căpuşă (f) | [kə'puʃə] |

| flea | purice (m) | ['puritʃe] |
| midge | musculiță (f) | [musku'litsə] |

locust	lăcustă (f)	[lə'kustə]
snail	melc (m)	[melk]
cricket	greier (m)	['greer]
firefly	licurici (m)	[liku'ritʃi]
ladybird	buburuză (f)	[bubu'ruzə]
cockchafer	cărăbuș (m)	[kərə'buʃ]

leech	lipitoare (f)	[lipito'are]
caterpillar	omidă (f)	[o'midə]
earthworm	vierme (m)	['verme]
larva	larvă (f)	['larvə]

184. Animals. Body parts

beak	cioc (n)	[tʃiok]
wings	aripi (f pl)	[a'ripʲ]
foot (of bird)	labă (f)	['labə]
feathers (plumage)	penaj (n)	[pe'naʒ]
feather	pană (f)	['panə]
crest	moț (n)	[mots]

gills	branhii (f pl)	[bran'hij]
spawn	icre (f pl)	['ikre]
larva	larvă (f)	['larvə]
fin	aripioară (f)	[ari'pjoare]
scales (of fish, reptile)	solzi (m pl)	[solzʲ]

fang (canine)	dinte (m) canin	['dinte ka'nin]
paw (e.g. cat's ~)	labă (f)	['labə]
muzzle (snout)	bot (n)	[bot]
maw (mouth)	bot (n)	[bot]
tail	coadă (f)	[ko'adə]
whiskers	mustăți (f pl)	[mus'tətsʲ]

| hoof | copită (f) | [ko'pitə] |
| horn | corn (n) | [korn] |

carapace	carapace (f)	[kara'patʃe]
shell (of mollusc)	schelet (n)	[ske'let]
eggshell	găoace (f)	[gəo'atʃe]

| animal's hair (pelage) | blană (f) | ['blanə] |
| pelt (hide) | piele (f) | ['pjele] |

185. Animals. Habitats

habitat	mediu (n) ambiant	['medju am'bjant]
migration	migrație (f)	[mi'gratsie]
mountain	munte (m)	['munte]

reef	recif (m)	[reˈtʃif]
cliff	stâncă (f)	[ˈstinkə]
forest	pădure (f)	[pəˈdure]
jungle	junglă (f)	[ˈʒunglə]
savanna	savană (f)	[saˈvanə]
tundra	tundră (f)	[ˈtundrə]
steppe	stepă (f)	[ˈstepə]
desert	deşert (n)	[deˈʃərt]
oasis	oază (f)	[oˈazə]
sea	mare (f)	[ˈmare]
lake	lac (n)	[lak]
ocean	ocean (n)	[otʃəˈan]
swamp (marshland)	mlaştină (f)	[ˈmlaʃtinə]
freshwater (adj)	de apă dulce	[de ˈapə ˈdultʃe]
pond	iaz (n)	[jaz]
river	râu (n)	[ˈriu]
den (bear's ~)	bârlog (n)	[birˈlog]
nest	cuib (n)	[kujb]
tree hollow	scorbură (f)	[ˈskorburə]
burrow (animal hole)	vizuină (f)	[vizuˈinə]
anthill	furnicar (n)	[furniˈkar]

Flora

186. Trees

tree	copac (m)	[ko'pak]
deciduous (adj)	foios	[fo'jos]
coniferous (adj)	conifer	[koni'fere]
evergreen (adj)	veşnic verde	['veʃnik 'verde]
apple tree	măr (m)	[mər]
pear tree	păr (m)	[pər]
sweet cherry tree	cireş (m)	[tʃi'reʃ]
sour cherry tree	vişin (m)	['viʃin]
plum tree	prun (m)	[prun]
birch	mesteacăn (m)	[mes'tʲakən]
oak	stejar (m)	[ste'ʒar]
linden tree	tei (m)	[tej]
aspen	plop tremurător (m)	['plop tremurə'tor]
maple	arţar (m)	[ar'tsar]
spruce	brad (m)	[brad]
pine	pin (m)	[pin]
larch	zadă (f)	['zadə]
fir tree	brad (m) alb	['brad 'alb]
cedar	cedru (m)	['tʃedru]
poplar	plop (m)	[plop]
rowan	sorb (m)	[sorb]
willow	salcie (f)	['saltʃie]
alder	arin (m)	[a'rin]
beech	fag (m)	[fag]
elm	ulm (m)	[ulm]
ash (tree)	frasin (m)	['frasin]
chestnut	castan (m)	[kas'tan]
magnolia	magnolie (f)	[mag'nolie]
palm tree	palmier (m)	[palmi'er]
cypress	chiparos (m)	[kipa'ros]
mangrove	manglier (m)	[mangli'jer]
baobab	baobab (m)	[bao'bab]
eucalyptus	eucalipt (m)	[euka'lipt]
sequoia	secvoia (m)	[sek'voja]

187. Shrubs

bush	tufă (f)	['tufə]
shrub	arbust (m)	[ar'bust]

| grapevine | viță (f) de vie | ['vitsə de 'vie] |
| vineyard | vie (f) | ['vie] |

raspberry bush	zmeură (f)	['zmeurə]
redcurrant bush	coacăz (m) roşu	[ko'akəz 'roʃu]
gooseberry bush	agriş (m)	[a'griʃ]

acacia	salcâm (m)	[sal'kɨm]
barberry	lemn (m) galben	['lemn 'galben]
jasmine	iasomie (f)	[jaso'mie]

juniper	ienupăr (m)	[je'nupər]
rosebush	tufă (f) de trandafir	['tufə de tranda'fir]
dog rose	măceş (m)	[mə'tʃeʃ]

188. Mushrooms

mushroom	ciupercă (f)	[tʃiu'perkə]
edible mushroom	ciupercă (f) comestibilă	[tʃiu'perkə komes'tibilə]
poisonous mushroom	ciupercă (f) otrăvitoare	[tʃiu'perkə otrəvito'are]
cap (of mushroom)	pălărie (f)	[pələ'rie]
stipe (of mushroom)	picior (n)	[pi'tʃior]

cep, penny bun	hrib (m)	[hrib]
orange-cap boletus	pitărcuță (f)	[pitərˈkutsə]
birch bolete	pitarcă (f)	[pi'tarkə]
chanterelle	gălbior (m)	[gəlbi'or]
russula	vinețică (f)	[vine'tsikə]

morel	zbârciog (m)	[zbɨr'tʃiog]
fly agaric	burete (m) pestriț	[bu'rete pes'trits]
death cap	ciupercă (f) otrăvitoare	[tʃiu'perkə otrəvito'are]

189. Fruits. Berries

apple	măr (n)	[mər]
pear	pară (f)	['parə]
plum	prună (f)	['prunə]

strawberry (garden ~)	căpşună (f)	[kəp'ʃunə]
sour cherry	vişină (f)	['viʃinə]
sweet cherry	cireaşă (f)	[tʃi'rʲaʃə]
grape	struguri (m pl)	['strugurʲ]

raspberry	zmeură (f)	['zmeurə]
blackcurrant	coacăză (f) neagră	[ko'akəzə 'nʲagrə]
redcurrant	coacăză (f) roşie	[ko'akəzə 'roʃie]
gooseberry	agrişă (f)	[a'griʃə]
cranberry	răchițele (f pl)	[rəki'tsele]

| orange | portocală (f) | [porto'kalə] |
| tangerine | mandarină (f) | [manda'rinə] |

pineapple	ananas (m)	[ana'nas]
banana	banană (f)	[ba'nanə]
date	curmală (f)	[kur'malə]

lemon	lămâie (f)	[lə'mie]
apricot	caisă (f)	[ka'isə]
peach	piersică (f)	['pjersikə]
kiwi	kiwi (n)	['kivi]
grapefruit	grepfrut (n)	['grepfrut]

berry	boabă (f)	[bo'abə]
berries	fructe (n pl) de pădure	['frukte de pə'dure]
cowberry	merişor (m)	[meri'ʃor]
wild strawberry	frag (m)	[frag]
bilberry	afină (f)	[a'finə]

190. Flowers. Plants

| flower | floare (f) | [flo'are] |
| bouquet (of flowers) | buchet (n) | [bu'ket] |

rose (flower)	trandafir (m)	[tranda'fir]
tulip	lalea (f)	[la'lʲa]
carnation	garoafă (f)	[garo'afə]
gladiolus	gladiolă (f)	[gladi'olə]

cornflower	albăstrea (f)	[albəs'trʲa]
harebell	clopoţel (m)	[klopo'tsel]
dandelion	păpădie (f)	[pəpə'die]
camomile	romaniţă (f)	[roma'nitsə]

aloe	aloe (f)	[a'loe]
cactus	cactus (m)	['kaktus]
rubber plant, ficus	ficus (m)	['fikus]

lily	crin (m)	[krin]
geranium	muşcată (f)	[muʃ'katə]
hyacinth	zambilă (f)	[zam'bilə]

mimosa	mimoză (f)	[mi'mozə]
narcissus	narcisă (f)	[nar'tʃisə]
nasturtium	condurul-doamnei (m)	[kon'durul do'amnej]

orchid	orhidee (f)	[orhi'dee]
peony	bujor (m)	[bu'ʒor]
violet	toporaş (m)	[topo'raʃ]

pansy	pansele (f)	[pan'sele]
forget-me-not	nu-mă-uita (f)	[nu mə uj'ta]
daisy	margaretă (f)	[marga'retə]

poppy	mac (m)	[mak]
hemp	cânepă (f)	['kɨnepə]
mint	mentă (f)	['mentə]

lily of the valley	lăcrămioară (f)	[ləkrəmjo'arə]
snowdrop	ghiocel (m)	[gio'tʃel]
nettle	urzică (f)	[ur'zikə]
sorrel	măcriş (m)	[mə'kriʃ]
water lily	nufăr (m)	['nufər]
fern	ferigă (f)	['ferigə]
lichen	lichen (m)	[li'ken]
conservatory (greenhouse)	seră (f)	['serə]
lawn	gazon (n)	[ga'zon]
flowerbed	strat (n) de flori	[strat de 'florʲ]
plant	plantă (f)	['plantə]
grass	iarbă (f)	['jarbə]
blade of grass	fir (n) de iarbă	[fir de 'jarbə]
leaf	frunză (f)	['frunzə]
petal	petală (f)	[pe'talə]
stem	tulpină (f)	[tul'pinə]
tuber	tubercul (m)	[tu'berkul]
young plant (shoot)	mugur (m)	['mugur]
thorn	ghimpe (m)	['gimpe]
to blossom (vi)	a înflori	[a inflo'ri]
to fade, to wither	a se ofili	[a se ofe'li]
smell (odour)	miros (n)	[mi'ros]
to cut (flowers)	a tăia	[a tə'ja]
to pick (a flower)	a rupe	[a 'rupe]

191. Cereals, grains

grain	grăunţe (n pl)	[grə'untse]
cereal crops	cereale (f pl)	[tʃere'ale]
ear (of barley, etc.)	spic (n)	[spik]
wheat	grâu (n)	['grɨu]
rye	secară (f)	[se'karə]
oats	ovăz (n)	[ovəz]
millet	mei (m)	[mej]
barley	orz (n)	[orz]
maize	porumb (m)	[po'rumb]
rice	orez (n)	[o'rez]
buckwheat	hrişcă (f)	['hriʃkə]
pea plant	mazăre (f)	['mazəre]
kidney bean	fasole (f)	[fa'sole]
soya	soia (f)	['soja]
lentil	linte (n)	['linte]
beans (pulse crops)	boabe (f pl)	[bo'abe]

REGIONAL GEOGRAPHY

Countries. Nationalities

192. Politics. Government. Part 1

politics	politică (f)	[po'litikə]
political (adj)	politic	[po'litik]
politician	politician (m)	[politit͡ʃi'an]
state (country)	stat (n)	[stat]
citizen	cetățean (m)	[t͡ʃetə'ts'an]
citizenship	cetățenie (f)	[t͡ʃetət͡se'nie]
national emblem	stemă (f) națională	['stemə natsio'nalə]
national anthem	imn (n) de stat	[imn de stat]
government	guvern (n)	[gu'vern]
head of state	conducătorul (m) țării	[kondukə'torul tsərij]
parliament	parlament (n)	[parla'ment]
party	partid (n)	[par'tid]
capitalism	capitalism (n)	[kapita'lism]
capitalist (adj)	capitalist	[kapita'list]
socialism	socialism (n)	[sot͡ʃia'lizm]
socialist (adj)	socialist	[sot͡ʃia'list]
communism	comunism (n)	[komu'nizm]
communist (adj)	comunist	[komu'nist]
communist (n)	comunist (m)	[komu'nist]
democracy	democrație (f)	[demokra'tsie]
democrat	democrat (m)	[demo'krat]
democratic (adj)	democrat	[demo'krat]
Democratic party	partid (n) democrat	[par'tid demo'krat]
liberal (n)	liberal (m)	[libe'ral]
Liberal (adj)	liberal	[libe'ral]
conservative (n)	conservator (m)	[konserva'tor]
conservative (adj)	conservator	[konserva'tor]
republic (n)	republică (f)	[re'publikə]
republican (n)	republican (m)	[republi'kan]
Republican party	partid (n) republican	[par'tid republi'kan]
elections	alegeri (f pl)	[a'led͡ʒerʲ]
to elect (vt)	a alege	[a a'led͡ʒe]

elector, voter	alegător (m)	[aleɡə'tor]
election campaign	campanie (f) electorală	[kam'panie elekto'ralə]
voting (n)	votare (f)	[vo'tare]
to vote (vi)	a vota	[a vo'ta]
suffrage, right to vote	drept (n) de vot	[drept de vot]
candidate	candidat (m)	[kandi'dat]
to be a candidate	a candida	[a kandi'da]
campaign	campanie (f)	[kam'panie]
opposition (as adj)	de opoziție	[de opo'zitsie]
opposition (n)	opoziție (f)	[opo'zitsie]
visit	vizită (f)	['vizitə]
official visit	vizită (f) oficială	['vizitə ofitʃi'alə]
international (adj)	internațional	[internatsio'nal]
negotiations	tratative (n pl)	[trata'tive]
to negotiate (vi)	a purta tratative	[a pur'ta trata'tive]

193. Politics. Government. Part 2

society	societate (f)	[sotʃie'tate]
constitution	constituție (f)	[konsti'tutsie]
power (political control)	autoritate (f)	[autori'tate]
corruption	corupție (f)	[ko'ruptsie]
law (justice)	lege (f)	['ledʒe]
legal (legitimate)	legal	[le'ɡal]
justice (fairness)	dreptate (f)	[drep'tate]
just (fair)	echitabil	[eki'tabil]
committee	comitet (n)	[komi'tet]
bill (draft law)	proiect (n) de lege	[pro'ekt de 'ledʒe]
budget	buget (n)	[bu'dʒet]
policy	politică (f)	[po'litikə]
reform	reformă (f)	[re'formə]
radical (adj)	radical	[radi'kal]
power (strength, force)	putere (f)	[pu'tere]
powerful (adj)	puternic	[pu'ternik]
supporter	adept (m)	[a'dept]
influence	influență (f)	[influ'entsə]
regime (e.g. military ~)	regim (n)	[re'dʒim]
conflict	conflict (n)	[kon'flikt]
conspiracy (plot)	conspirație (f)	[konspi'ratsie]
provocation	provocare (f)	[provo'kare]
to overthrow (regime, etc.)	a răsturna	[a rəstur'na]
overthrow (of government)	răsturnare (f)	[rəstur'nare]
revolution	revoluție (f)	[revo'lutsie]

| coup d'état | lovitură (f) de stat | [lovi'tura də stat] |
| military coup | lovitură (f) de stat militară | [lovi'tura də stat mili'tarə] |

crisis	criză (f)	['krizə]
economic recession	scădere (f) economică	[skə'dere eko'nomikə]
demonstrator (protester)	manifestant (m)	[manifes'tant]
demonstration	manifestație (f)	[manifes'tatsie]
martial law	stare (f) de război	['stare de rəz'boj]
military base	bază (f) militară	['bazə mili'tarə]

| stability | stabilitate (f) | [stabili'tatə] |
| stable (adj) | stabil | [sta'bil] |

| exploitation | exploatare (f) | [eksploa'tare] |
| to exploit (workers) | a exploata | [a eksploa'ta] |

racism	rasism (n)	[ra'sism]
racist	rasist (m)	[ra'sist]
fascism	fascism (n)	[fas'tʃism]
fascist	fascist (m)	[fas'tʃist]

194. Countries. Miscellaneous

foreigner	cetățean (m) străin	[tʃetə'tsian strə'in]
foreign (adj)	străin	[strə'in]
abroad (in a foreign country)	peste hotare	['peste ho'tare]

emigrant	emigrant (m)	[emi'grant]
emigration	emigrare (f)	[emi'grare]
to emigrate (vi)	a emigra	[a emi'gra]

the West	Vest (n)	[vest]
the East	Est (n)	[est]
the Far East	Extremul Orient (n)	[eks'tremul o'rjent]

civilization	civilizație (f)	[tʃivili'zatsie]
humanity (mankind)	umanitate (f)	[umani'tate]
the world (earth)	lume (f)	['lume]
peace	pace (f)	['patʃe]
worldwide (adj)	mondial	[mon'djal]

homeland	patrie (f)	['patrie]
people (population)	popor (n)	[po'por]
population	populație (f)	[popu'latsie]
people (a lot of ~)	oameni (m pl)	[o'amenʲ]
nation (people)	națiune (f)	[natsi'une]
generation	generație (f)	[dʒene'ratsie]

territory (area)	teritoriu (n)	[teri'torju]
region	regiune (f)	[redʒi'une]
state (part of a country)	stat (n)	[stat]

| tradition | tradiție (f) | [tra'ditsie] |
| custom (tradition) | obicei (n) | [obi'tʃej] |

ecology	ecologie (f)	[ekolo'dʒie]
Indian (Native American)	indian (m)	[indi'an]
Gypsy (masc.)	țigan (m)	[tsi'gan]
Gypsy (fem.)	țigancă (f)	[tsi'gankə]
Gypsy (adj)	țigănesc	[tsigə'nesk]
empire	imperiu (n)	[im'perju]
colony	colonie (f)	[kolo'nie]
slavery	sclavie (f)	[skla'vie]
invasion	invazie (f)	[in'vazie]
famine	foamete (f)	[fo'amete]

195. Major religious groups. Confessions

religion	religie (f)	[re'lidʒie]
religious (adj)	religios	[relidʒi'os]
faith, belief	credință (f)	[kre'dintsə]
to believe (in God)	a crede	[a 'krede]
believer	credincios (m)	[kredin'tʃios]
atheism	ateism (n)	[ate'izm]
atheist	ateu (m)	[a'teu]
Christianity	creștinism (n)	[kreʃti'nism]
Christian (n)	creștin (m)	[kreʃ'tin]
Christian (adj)	creștin	[kreʃ'tin]
Catholicism	Catolicism (n)	[katoli'tʃism]
Catholic (n)	catolic (m)	[ka'tolik]
Catholic (adj)	catolic	[ka'tolik]
Protestantism	Protestantism (m)	[protestan'tizm]
Protestant Church	Biserica (f) Protestantă	[bi'serika protes'tantə]
Protestant (n)	protestant (m)	[protes'tant]
Orthodoxy	Ortodoxie (f)	[ortodok'sie]
Orthodox Church	Biserica (f) Ortodoxă	[bi'serika orto'doksə]
Orthodox (n)	ortodox (m)	[orto'doks]
Presbyterianism	calvinism (n)	[kalvi'nism]
Presbyterian Church	Biserica (f) Calvinistă	[bi'serika kalvi'nistə]
Presbyterian (n)	calvinist (m)	[kalvi'nist]
Lutheranism	Biserica (f) Luterană	[bi'serika lute'ranə]
Lutheran (n)	luteran (m)	[lute'ran]
Baptist Church	Baptism (n)	[bap'tism]
Baptist (n)	baptist (m)	[bap'tist]
Anglican Church	Biserica (f) Anglicană	[bi'serika angli'kanə]
Anglican (n)	anglican (m)	[angli'kan]
Mormonism	Mormonism (n)	[mormo'nism]
Mormon (n)	mormon (m)	[mor'mon]

| Judaism | Iudaism (n) | [juda'izm] |
| Jew (n) | iudeu (m) | [ju'deu] |

| Buddhism | Budism (n) | [bu'dizm] |
| Buddhist (n) | budist (m) | [bu'dist] |

| Hinduism | Hinduism (n) | [hindu'izm] |
| Hindu (n) | hindus (m) | [hin'dus] |

Islam	Islamism (n)	[isla'mizm]
Muslim (n)	musulman (m)	[musul'man]
Muslim (adj)	musulman	[musul'man]

| Shiah Islam | Şiism (n) | [ʃi'ism] |
| Shiite (n) | şiit (m) | [ʃi'it] |

| Sunni Islam | Sunnism (n) | [su'nism] |
| Sunnite (n) | sunnit (m) | [su'nit] |

196. Religions. Priests

| priest | preot (m) | ['preot] |
| the Pope | Papa Romei (m) | ['papa 'romej] |

monk, friar	călugăr (m)	[kə'lugər]
nun	călugăriţă (f)	[kə'lugəritsə]
pastor	pastor (m)	['pastor]

abbot	abate (m)	[a'bate]
vicar (parish priest)	vicar (m)	[vi'kar]
bishop	episcop (m)	[e'piskop]
cardinal	cardinal (m)	[kardi'nal]

preacher	propovăduitor (m)	[propovədui'tor]
preaching	predică (f)	['predikə]
parishioners	enoriaşi (m pl)	[enori'aʃ]

| believer | credincios (m) | [kredin'tʃios] |
| atheist | ateu (m) | [a'teu] |

197. Faith. Christianity. Islam

| Adam | Adam (m) | [a'dam] |
| Eve | Eva (f) | ['eva] |

God	Dumnezeu (m)	[dumne'zeu]
the Lord	Domnul (m)	['domnulʲ]
the Almighty	Atotputernic (m)	[atotpu'ternik]

sin	păcat (n)	[pə'kat]
to sin (vi)	a păcătui	[a pəkətu'i]
sinner (masc.)	păcătos (m)	[pəkə'tos]

English	Romanian	Pronunciation
sinner (fem.)	păcătoasă (f)	[pəkəto'asə]
hell	iad (n)	[jad]
paradise	rai (f)	[raj]
Jesus	Isus (m)	[i'sus]
Jesus Christ	Isus Hristos (m)	[i'sus hris'tos]
the Holy Spirit	Sfântul Duh (m)	['sfintul 'duh]
the Saviour	Salvator (m)	[salva'tor]
the Virgin Mary	Maica Domnului (f)	['majka 'domnuluj]
the Devil	Diavol (m)	['djavol]
devil's (adj)	diavolesc	[djavo'lesk]
Satan	Satana (f)	[sa'tana]
satanic (adj)	satanic	[sa'tanik]
angel	înger (m)	['indʒer]
guardian angel	înger (m) păzitor	['indʒer pəzi'tor]
angelic (adj)	îngeresc	[indʒe'resk]
apostle	apostol (m)	[a'postol]
archangel	arhanghel (m)	[ar'hangel]
the Antichrist	antihrist (m)	[anti'hrist]
Church	Biserică (f)	[bi'serikə]
Bible	Biblie (f)	['biblie]
biblical (adj)	biblic	['biblik]
Old Testament	Vechiul Testament (n)	['vekjul testa'ment]
New Testament	Noul testament (n)	['noul testa'ment]
Gospel	Evanghelie (f)	[eva'ngelie]
Holy Scripture	Sfânta Scriptură (f)	['sfinta skrip'turə]
Heaven	Împărăţia Cerului (f)	[impərə'tsia 'tʃeruluj]
Commandment	poruncă (f)	[po'runkə]
prophet	profet (m)	[pro'fet]
prophecy	profeţie (f)	[profe'tsie]
Allah	Allah (m)	[al'lah]
Mohammed	Mohamed (m)	[moha'med]
the Koran	Coran (n)	[ko'ran]
mosque	moschee (f)	[mos'kee]
mullah	hoge (m)	['hodʒe]
prayer	rugăciune (f)	[rugə'tʃiune]
to pray (vi, vt)	a se ruga	[a se ru'ga]
pilgrimage	pelerinaj (n)	[peleri'naʒ]
pilgrim	pelerin (m)	[pele'rin]
Mecca	Mecca (f)	['meka]
church	biserică (f)	[bi'serikə]
temple	templu (n)	['templu]
cathedral	catedrală (f)	[kate'dralə]
Gothic (adj)	gotic	['gotik]
synagogue	sinagogă (f)	[sina'gogə]

mosque	moschee (f)	[mos'kee]
chapel	capelă (f)	[ka'pelə]
abbey	abaţie (f)	[a'batsie]
convent	mănăstire (f) de călugăriţe	[mənəs'tire de kə'lugəritse]
monastery	mănăstire (f) de călugări	[mənəs'tire de kə'lugərʲ]
bell (church ~s)	clopot (n)	['klopot]
bell tower	clopotniţă (f)	[klo'potnitsə]
to ring (ab. bells)	a bate	[a 'bate]
cross	cruce (f)	['krutʃe]
cupola (roof)	boltă (f)	['boltə]
icon	icoană (f)	[iko'anə]
soul	suflet (n)	['suflet]
fate (destiny)	soartă (f)	[so'artə]
evil (n)	rău (n)	[rəu]
good (n)	bine (n)	['bine]
vampire	vampir (m)	[vam'pir]
witch (evil ~)	vrăjitoare (f)	[vrəʒito'are]
demon	demon (m)	['demon]
spirit	spirit (n)	['spirit]
redemption (giving us ~)	ispăşire (f)	[ispə'ʃire]
to redeem (vt)	a ispăşi	[a ispə'ʃi]
church service, mass	slujbă (f)	['sluʒbə]
to say mass	a sluji	[a slu'ʒi]
confession	spovedanie (f)	[spove'danie]
to confess (vi)	a se spovedi	[a se spove'di]
saint (n)	sfânt (m)	[sfint]
sacred (holy)	sfânt	[sfint]
holy water	apă (f) sfinţită	['apə sfin'tsitə]
ritual (n)	ritual (n)	[ritu'al]
ritual (adj)	de rit	[de rit]
sacrifice	jertfă (f)	['ʒertfə]
superstition	superstiţie (f)	[supers'titsie]
superstitious (adj)	superstiţios	[superstitsi'os]
afterlife	viaţa (f) de după moarte	['vjatsa de 'dupə mo'arte]
eternal life	viaţă (f) veşnică	['vjatsə 'veʃnikə]

MISCELLANEOUS

198. Various useful words

background (green ~)	fundal (n)	[fun'dal]
balance (of situation)	balanță (f)	[ba'lantsə]
barrier (obstacle)	barieră (f)	[ba'rjerə]
base (basis)	bază (f)	['bazə]
beginning	început (n)	[întʃe'put]
category	categorie (f)	[katego'rie]
cause (reason)	cauză (f)	['kauzə]
choice	alegere (f)	[a'ledʒere]
coincidence	coincidență (f)	[kointʃi'dentsə]
comfortable (~ chair)	confortabil	[konfor'tabil]
comparison	comparație (f)	[kompa'ratsie]
compensation	compensație (f)	[kompen'satsie]
degree (extent, amount)	grad (n)	[grad]
development	dezvoltare (f)	[dezvol'tare]
difference	deosebire (f)	[deose'bire]
effect (e.g. of drugs)	efect (n)	[e'fekt]
effort (exertion)	efort (n)	[e'fort]
element	element (n)	[ele'ment]
end (finish)	sfârşit (n)	[sfir'ʃit]
example (illustration)	exemplu (n)	[e'gzemplu]
fact	fapt (n)	[fapt]
frequent (adj)	des	[des]
growth (development)	creştere (f)	['kreʃtere]
help	ajutor (n)	[aʒu'tor]
ideal	ideal (n)	[ide'al]
kind (sort, type)	aspect (n)	[as'pekt]
labyrinth	labirint (n)	[labi'rint]
mistake, error	greşeală (f)	[gre'ʃalə]
moment	moment (n)	[mo'mənt]
object (thing)	obiect (n)	[o'bjekt]
obstacle	obstacol (n)	[ob'stakol]
original (original copy)	original (n)	[oridʒi'nal]
part (~ of sth)	parte (f)	['parte]
particle, small part	bucată (f)	[bu'katə]
pause (break)	pauză (f)	['pauzə]
position	poziție (f)	[po'zitsie]
principle	principiu (n)	[prin'tʃipju]
problem	problemă (f)	[pro'blemə]
process	proces (n)	[pro'tʃes]

progress	progres (n)	[pro'gres]
property (quality)	însuşire (f)	[insu'ʃire]
reaction	reacţie (f)	[re'aktsie]
risk	risc (n)	[risk]

secret	taină (f)	['tajnə]
series	serie (f)	['serie]
shape (outer form)	formă (f)	['formə]
situation	situaţie (f)	[situ'atsie]
solution	soluţie (f)	[so'lutsie]

standard (adj)	standardizat	[standardi'zat]
standard (level of quality)	standard (n)	[stan'dard]
stop (pause)	pauză (f)	['pauzə]
style	stil (n)	[stil]

system	sistem (n)	[sis'tem]
table (chart)	tabel (n)	[ta'bel]
tempo, rate	ritm (n)	[ritm]
term (word, expression)	termen (n)	['termen]
thing (object, item)	obiect (n)	[o'bjekt]

truth (e.g. moment of ~)	adevăr (n)	[ade'vər]
turn (please wait your ~)	rând (n)	[rind]
type (sort, kind)	tip (n)	[tip]
urgent (adj)	urgent	[ur'dʒent]
urgently	urgent	[ur'dʒent]

utility (usefulness)	folos (n)	[fo'los]
variant (alternative)	variantă (f)	[vari'antə]
way (means, method)	mod (n)	[mod]
zone	zonă (f)	['zonə]